BALONCESTO

Mis Ejercicios Favoritos

CHÚS OTERO

Envíame tus comentarios a chusotero@ymail.com

Twitter: @chusotero
Facebook: chusotero

www.chusotero.com

A Fátima, por compartir mi pasión por el Baloncesto.

A mis hijas Lourdes y Blanca, enamoradas como las que más de este deporte.

A todos los jugadores que desde mis comienzos como entrenador, por el ya lejano año 1987, he tenido el placer de poder entrenar y tanto me han enseñado.

A cada uno de los entrenadores que he conocido en esta larga trayectoria. Por todo lo que con ellos he podido aprender.

Al baloncesto, que tanto me ha dado.

CONTENIDOS

Uso del libro

He buscado que el presente libro no solo sea un libro de consulta, sino convertirlo en un manual para que pueda ser trabajado port tí. Para ello, al finalizer la descripción de cada ejercicio encontrarás tanto un apartado de notas, como campos de juego " limpios " para que incluyas tus notas, consideraciones, alternativas, nuevos objetivos, nuevos gráficos...

ALGUNAS IDEAS METODOLÓGICAS EN MIS SESIONES DE ENTRENAMIENTO

A continuación te expongo una relación de ideas que han ido acompañandome durante mi trayectoria y que han formado parte de mi idea de " entrenamiento ideal ". Sobra decir que son ideas muy personales y que evidentemente no tienen porqué coincidir con las que te funcionen a ti. En cualquier caso, te invito a que aquellas que consideres útiles las hagas tuyas y las incorpores a tus sesiones de entrenamiento.

1.- Utilización de la totalidad de los recursos. Si tenemos dos canastas, utilicemos esas dos canastas; si tenemos seis balones, utilcemos esos seis balones. Es decir, no trabajemos con doce jugadores/as en medio campo, teniendo la posibilidad de utilizar las dos canastas.

2.- No a las colas. Cada jugador/a con un balón e interviniendo en el ejercicio lo más posible. De nada nos sirve un cola donde el jugador participa una vez por minuto.

3.- Adios a los conos. Limitemos el uso de los conos a lo estrictamente necesario. A la hora de plantear los ejercicios, cada vez que pensemos en utilizar un cono, pensemos si puede ser sustituido por un jugador/a.

4.- Planteamiento de los ejercicios siguiendo una estructura Global-Analítica-Global. Nada de cientos de repeticiones en situaciones de uno contra cero.

5.- Seamos consecuentes con los objetivos que nos planteamos. Es decir, si estamos trabajando la mecánica de tiro, no debemos hacerlo en un ejercicio donde se premie o incentive la efectividad.

6.- Hagamos crecer el trabajo de forma consecuente. Nada de series de tiro con nuestro equipo si aún no saben tirar.

7.- Incorporemos handicaps en nuestros ejercicios mediante la participación complice de los compañeros.

8.- Si trabajamos el ataque, pensemos en la mejor defensa. Si trabajamos la defensa, pensemos en el mejor ataque.

9.- Incentivemos la toma de decisiones en los ejercicios. Buscamos que el jugador/a tome la mejor decisión en el menor tiempo posible.

10.- Máxima honestidad con nosotros mismos, pero sobre todo para con nuestros jugadores/as. Y esto lo conseguimos con detalles como no permitirnos el llegar a un entrenamiento sin tenerlo preparado previamente; planificar la temporada; no entrenar en ropa de calle ...

1.- Toma de Decisiones

EJERCICIO: 1
OBJETIVO: Toma de Decisiones

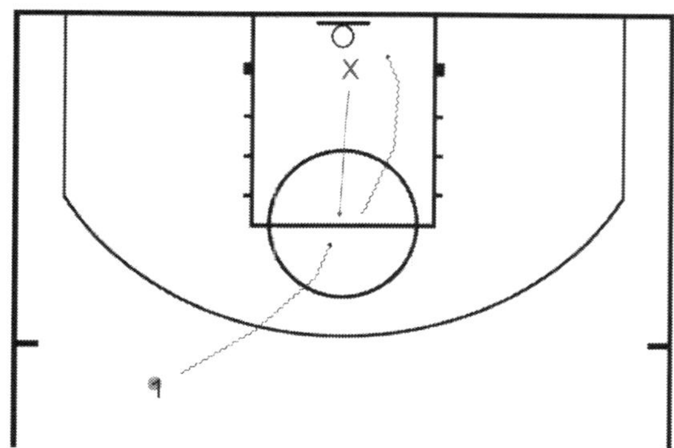

El jugador 1 con balón, penetra a canasta. A la vez que 1 inicia el bote, el defensor sale a defenderlo. 1 debe tomar la decisión de parar y tirar, penetrar, ... Debemos trabajarlo tanto saliendo desde la derecha como desde la izquierda.

Notas

EJERCICIO: 2
OBJETIVO: Toma de Decisiones

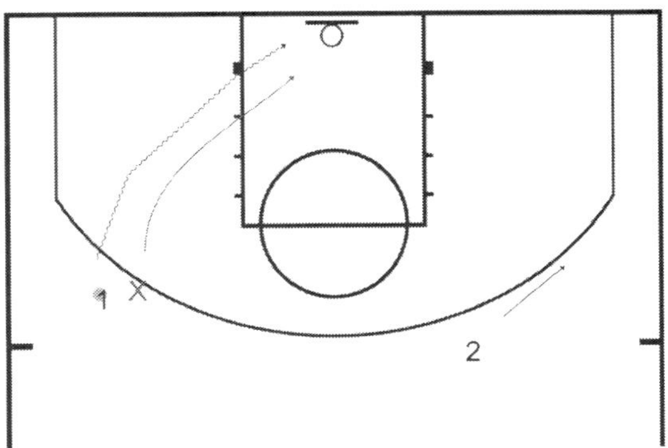

El jugador 1 con balón, juega 1x1 con su defensor. Limitamos el número de botes.

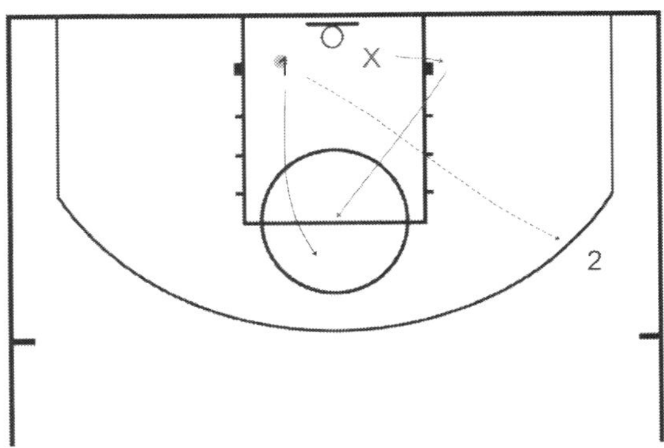

El reboteador, o 1 si consiguió anotar, da pase a 2 y sale de la zona para recibir un pase de vuelta. Aquel que tenga que defender, antes de ir a defender, deberá pisar la zona por un lateral que no sea por el que salió el atacante.

Debemos trabajar la velocidad en la toma de decisiones por parte del atacante, tirar, salir por la derecha, por la izquierda ...

Podemos modificar las restricciones al atacante: un solo bote, solo puede tirar, solo puede entrar ...

Notas

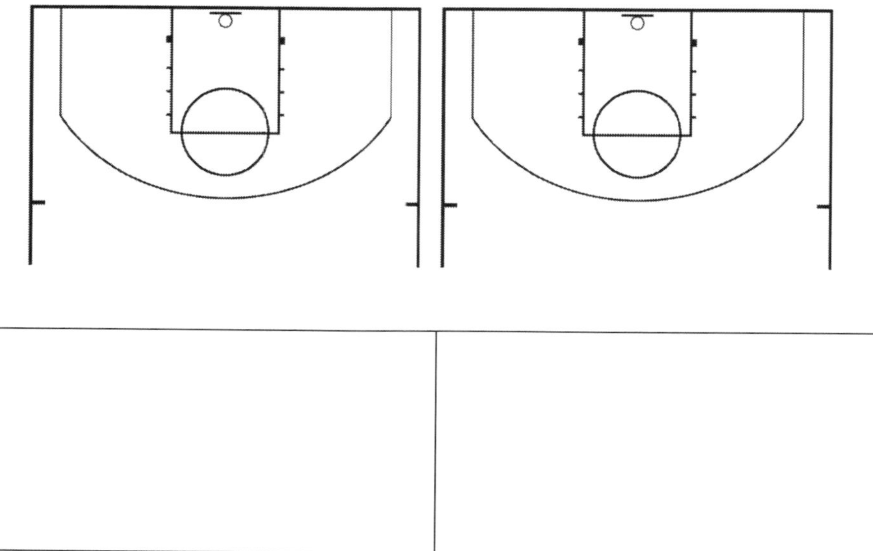

EJERCICIO: 3
OBJETIVO: Toma de Decisiones

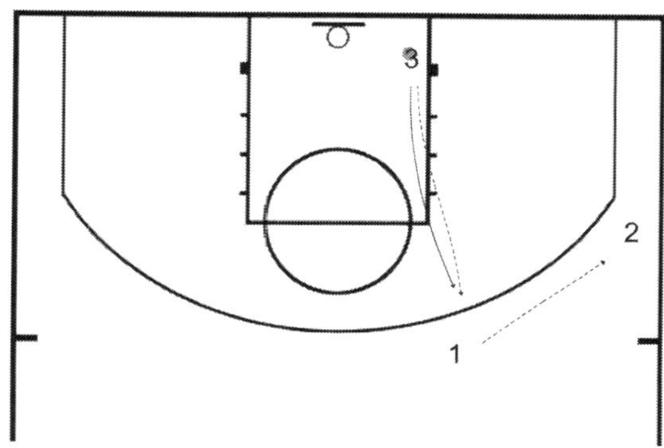

El objetivo del ejercicio es que nuestro jugador 2, tome la decisión de si debe salir por delante o por detrás del defensor.

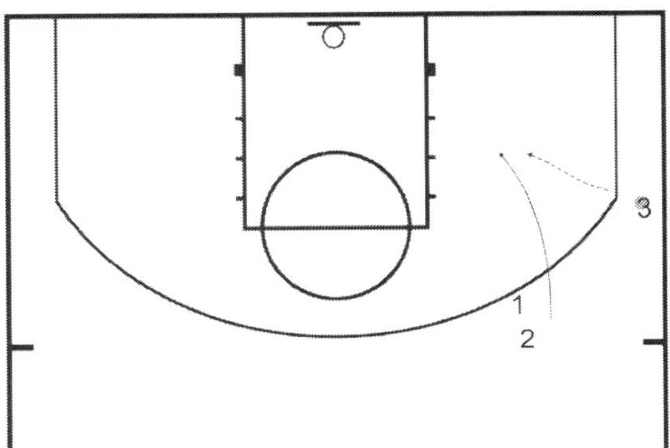

Si tras el pase de 2 a 3, el defensor no salta al balón, el corte lo realizamos por delante.

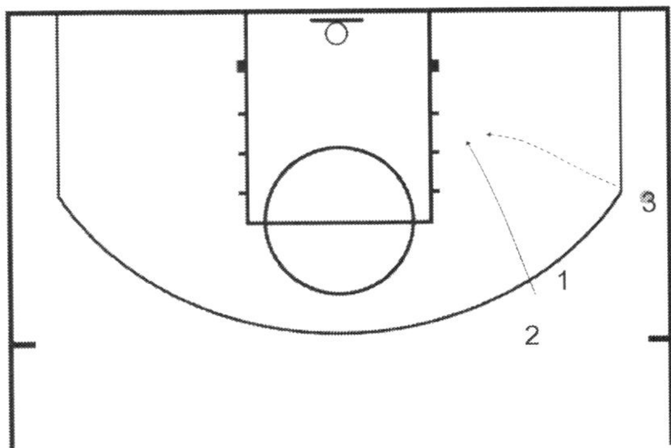

Si tras el pase de 2 a 3, el defensor salta al balón, el corte lo realizamos por detrás.

Es importante pedir a nuestro defensor que colabore en la mejora de su compañero, llevando a cabo de forma alternativa buenas y malas defensas al objeto de que nuestro atacante deba tomar la mejor decision ante los diferentes tipos de defensa.

Notas

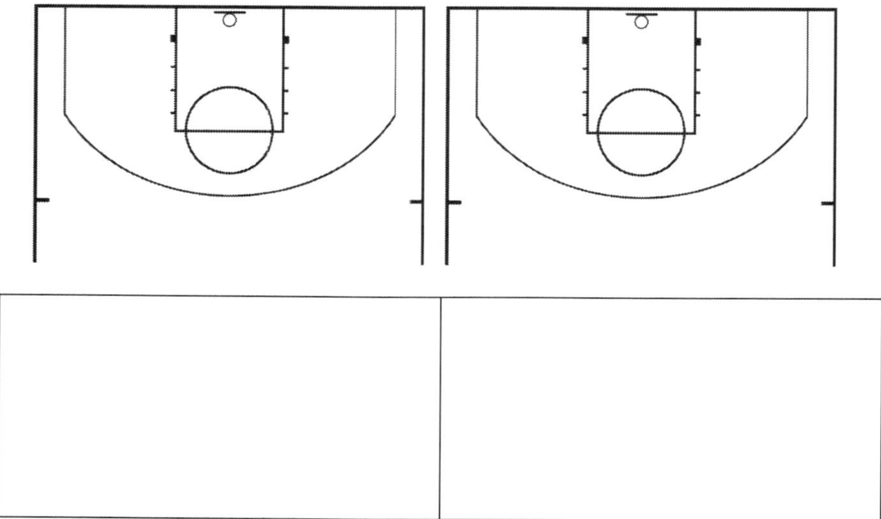

EJERCICIO: 4
OBJETIVO: Toma de Decisiones

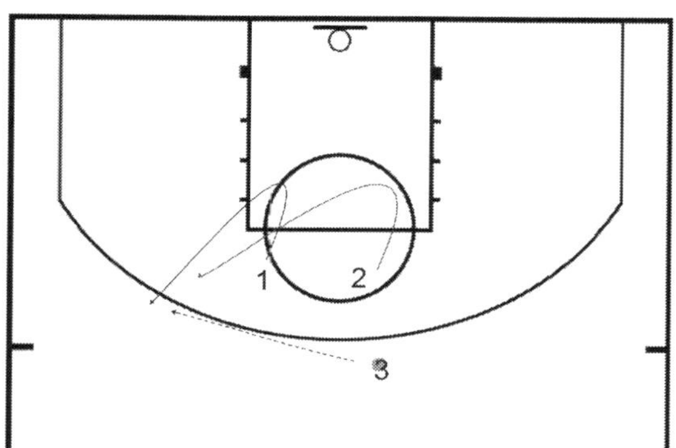

Los jugadores 1 y 2, deben pisar la zona. 3 es el pasador. El atacante partirá con ventaja al ser este el que decide cuando inicia la acción. Esta ventaja es la que no deber perder a la hora de jugar el 1x1.

Trabajaremos la velocidad de ejecución en la toma de decisiones, salir por uno u otro lado, parada y tiro, finta de tiro y penetración hombro con hombro ...

Nos ayudara a fomentar una toma de decisiones más rápida el establecer restricciones como número máximo de botes ...

Notas

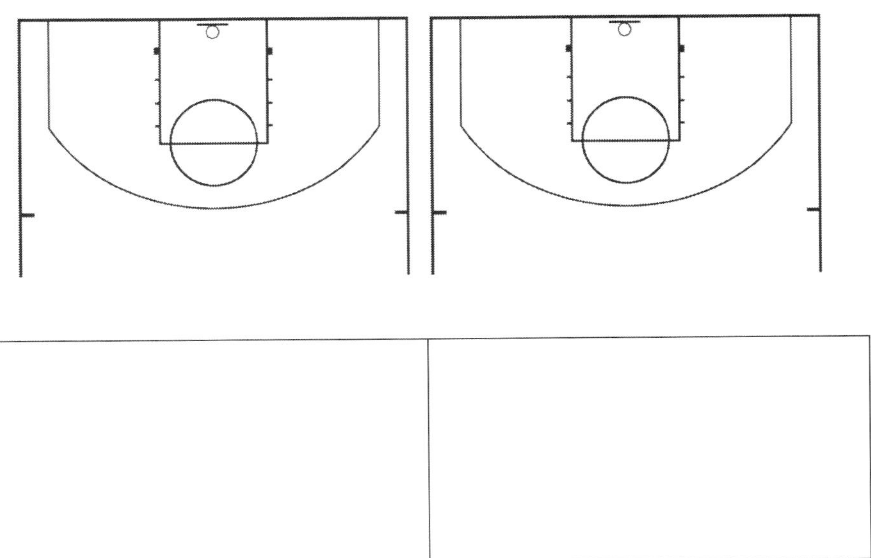

EJERCICIO: 5
OBJETIVO: Toma de Decisiones

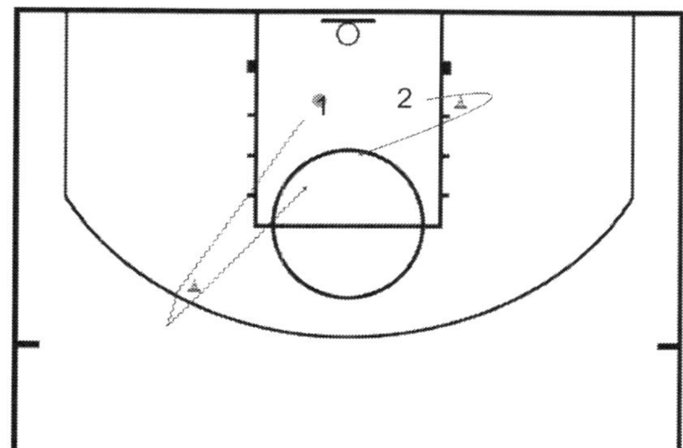

Juego 1x1 en el que el jugador con balón 1, tras rodear el pivote botando, se dirige a meter canasta. 2, tras rodear su pivote, va a defender a 1.

El objetivo es que 1, dependiendo de la defensa de 2, opte por parar y tirar, cambio de dirección y entrada, finta de parada y entrada ...

Podemos cambiar la ubicación de los pivotes, lo cual nos llevará a trabajar nuevas finalizaciones.

Notas

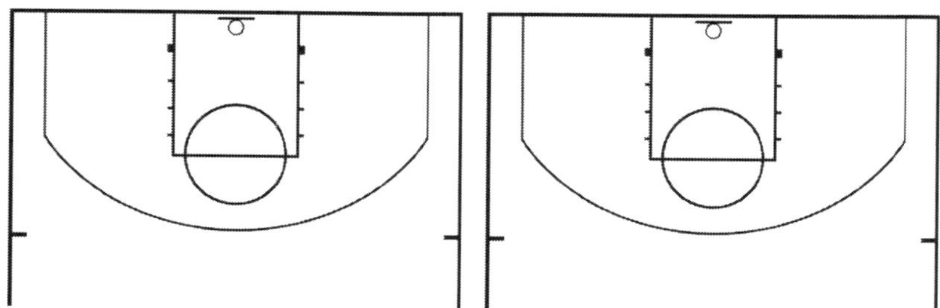

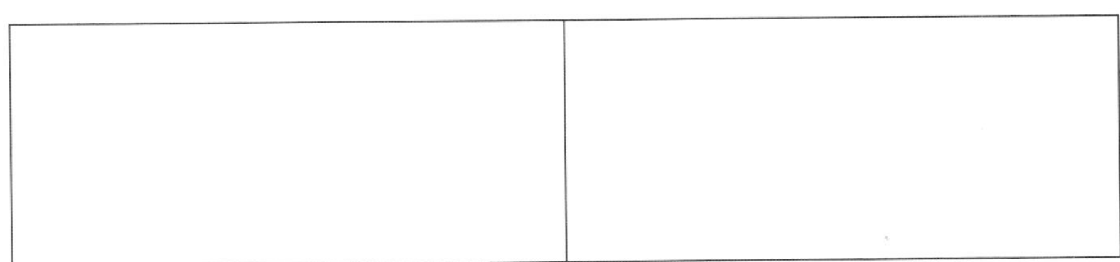

EJERCICIO: 6
OBJETIVO: Toma de Decisiones

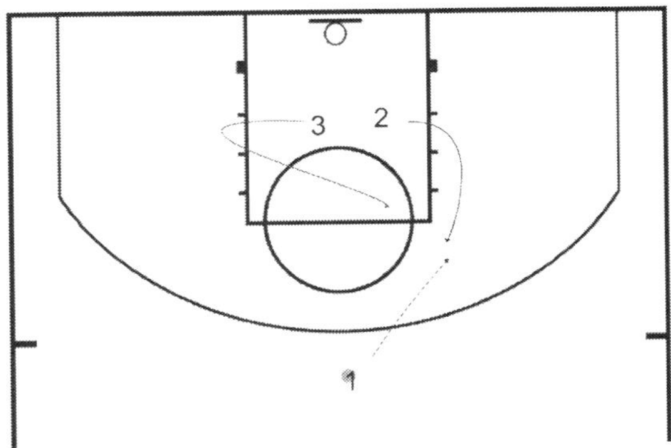

Trabajo de la toma de decisiones donde el objetivo vuelve a ser el tomar la mejor decisión en el menor tiempo posible.

Tres jugadores. El jugador 1 con balón y los jugadores 2 y 3 sin balón colocados en el centro de la zona. A la señal de 1, el jugador 2 tiene que ir a pisar fuera de zona, en uno de los dos laterales, antes de ir a recibir el pase de 1. 3, antes de ir a defender, tiene que pisar el lado contrario al que piso 2. Al recibir 2, tiene que decidir por donde salir, con que mano, penetrar o tirar ...

Podemos incluir variaciones como pisar tiro libre, pisar línea de fondo ..., manteniendo la misma dinámica del ejercicio, donde siempre 3 iría a pisar el lado contrario.

Notas

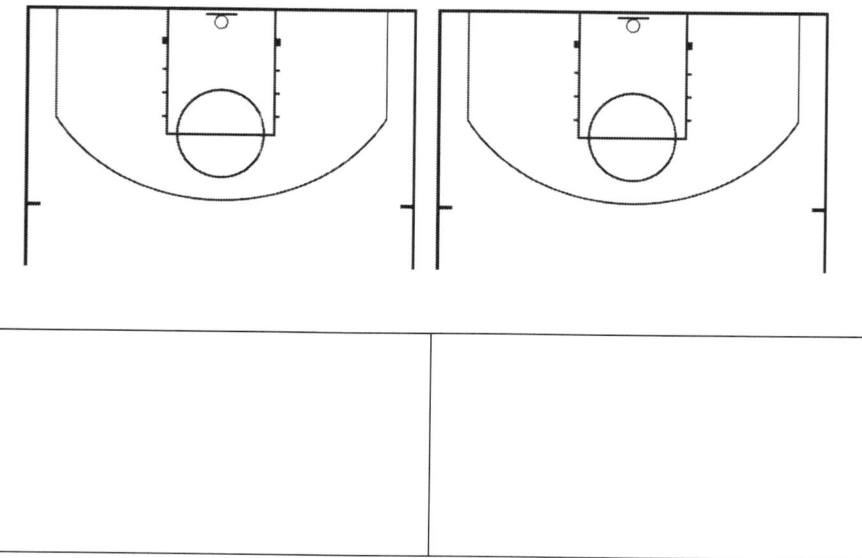

EJERCICIO: 7
OBJETIVO: Toma de Decisiones

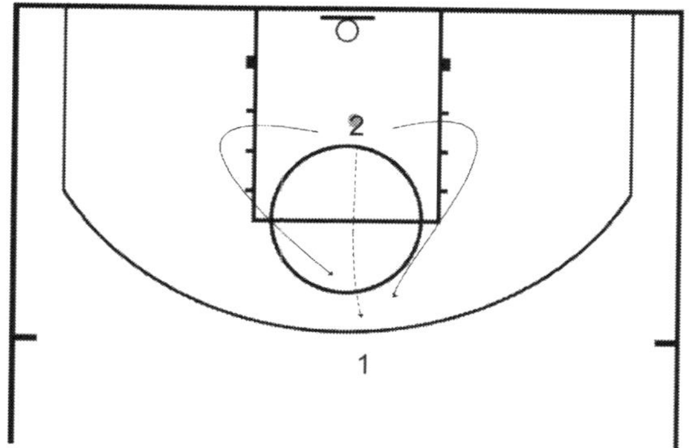

El jugador con balón 2, pasa a 1 y tras pasar tiene dos opciones, o pisar fuera de la zona por un lado o por el otro. A partir de aquí, va a defender a 1, el cual tiene que decidir si tirar, penetrar a una u otra mano ..., todo dependiendo de por donde haya decidido salir el jugador 2.

Notas

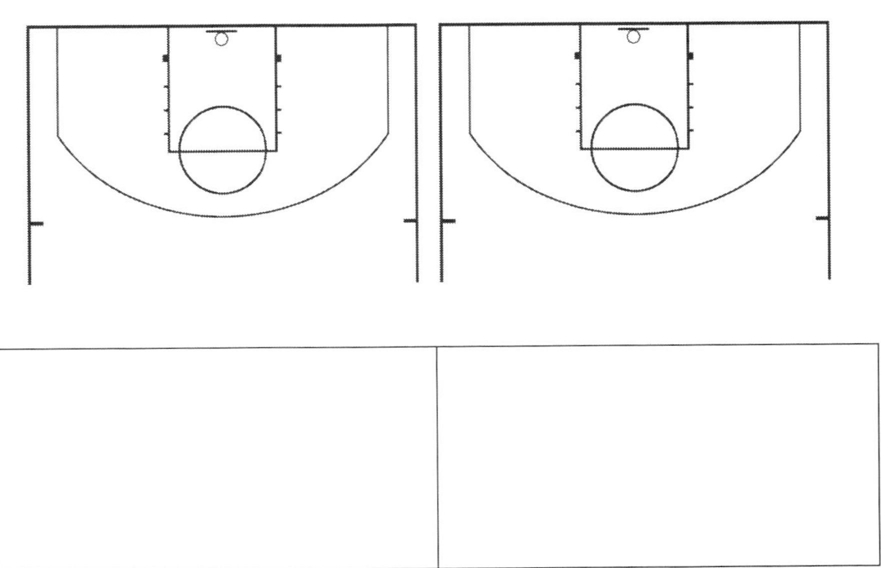

EJERCICIO: 8
OBJETIVO: Toma de Decisiones

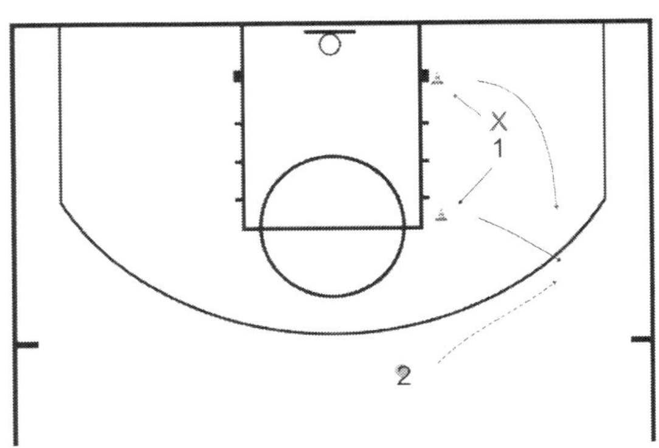

Al plantear ejercicios cuyo objetivo es la toma de decisiones, pongo especial énfasis, en que tomen la decisión en el menor tiempo posible, aún a costa de que la decisión tomada no haya sido la mejor de las posibles. En este caso, la dinámica del ejercicio consiste en una situación de uno contra uno, en la que el atacante antes de recibir tiene que tocar un pivote. El defensor, antes de ir a defender, habrá de tocar el pivote contrario. Esta ventaja, es la que deberá aprovechar 1 para leer la defensa y tomar la mejor decisión: tirar, salir por la izquierda, jugar al contrapie ...

Notas

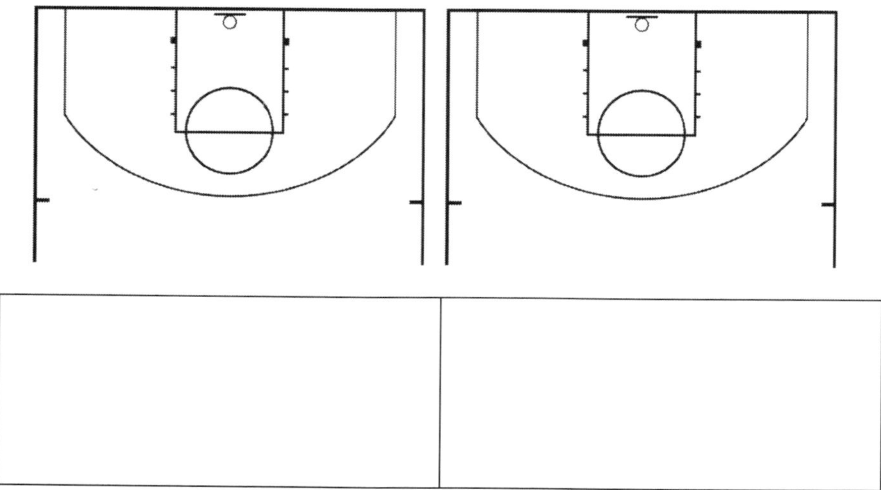

EJERCICIO: 9
OBJETIVO: Toma de Decisiones

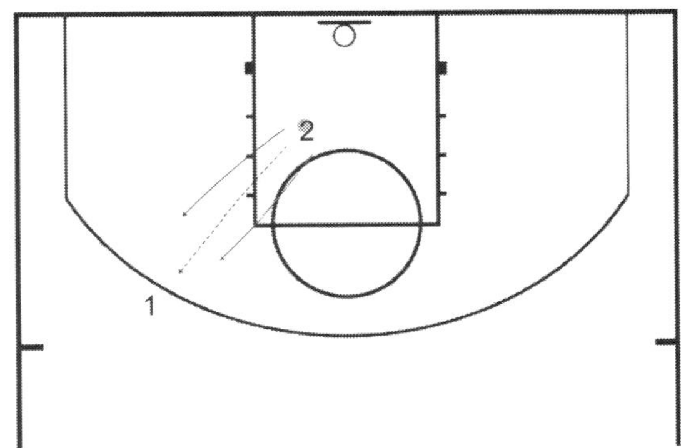

Por lo general, no me gustan los ejercicios de tiro en los que una pareja de jugadores se limita a tirar, rebotear, pasar y vuelta a tirar, aunque reconozco que las series de tiro a veces son imprescindible trabajarlas. Sin embargo, sí trabajo situaciones como la que detallo en el gráfico. El jugador 2, pasa a 1 y va tras el balón. 1, tienen que tomar la decisión de tirar, tirar tras un bote pasando hombro-con hombro ..., todo ello dependiendo de la actuación de 2, el cual puede llegar a puntear, quedarse ... .

Me gusta trabajarlo en series de 6 tiros y previamente hay que hablar con el jugador que hace de 2 para explicarle lo importante que es para la mejora de su compañero, el que trabaje bien cada una de las opciones que tiene.

Iremos aumentando el nivel del hándicap, o dificultad que 2 le va poniendo a 1.

Notas

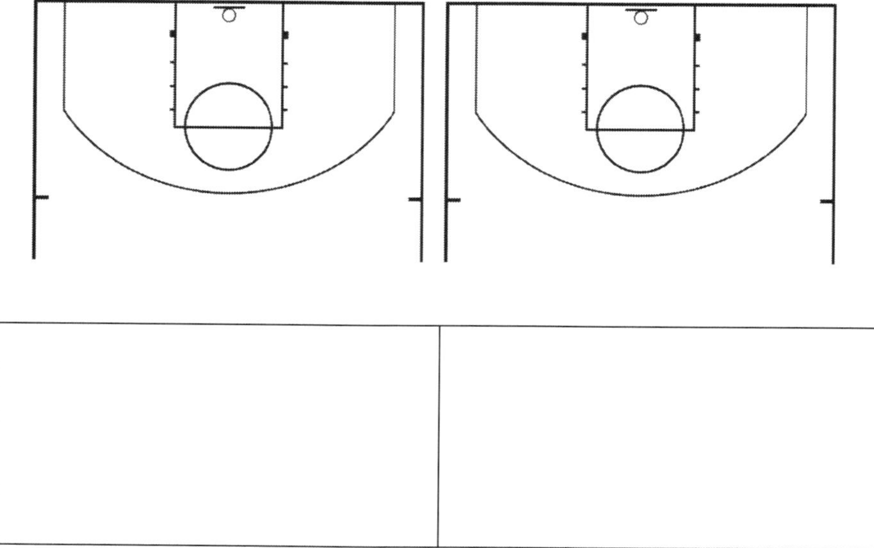

EJERCICIO: 10
OBJETIVO: Toma de Decisiones

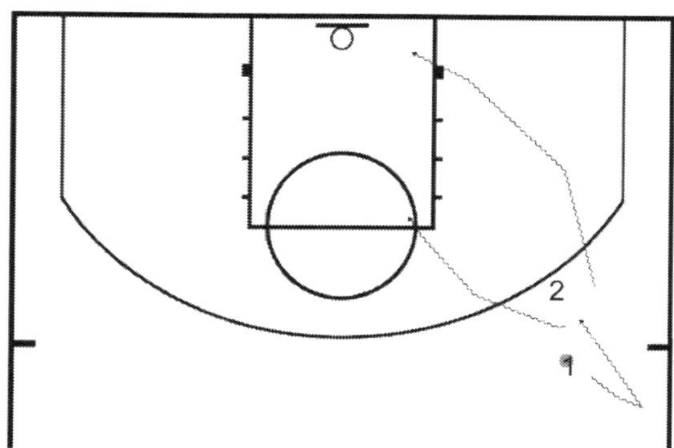

De los ejercicios que me gustan y que tienen enormes posibilidades de crecer con un poquito de imaginación que le pongamos. El jugador 1, con balón dribla varias veces ida-vuelta-ida hacia 2 (si tenéis ayudante, 2 debería ser ese ayudante), y a partir de aquí, cuando 2 levante una mano, 1 se tiene que ir por el lado contrario; o si lo preferís, por el lado de la mano que levantó; o ... en fin lo dicho, podéis seguir metiendo todo tipo de variantes. Simple, pero de los que me gusta.

Notas

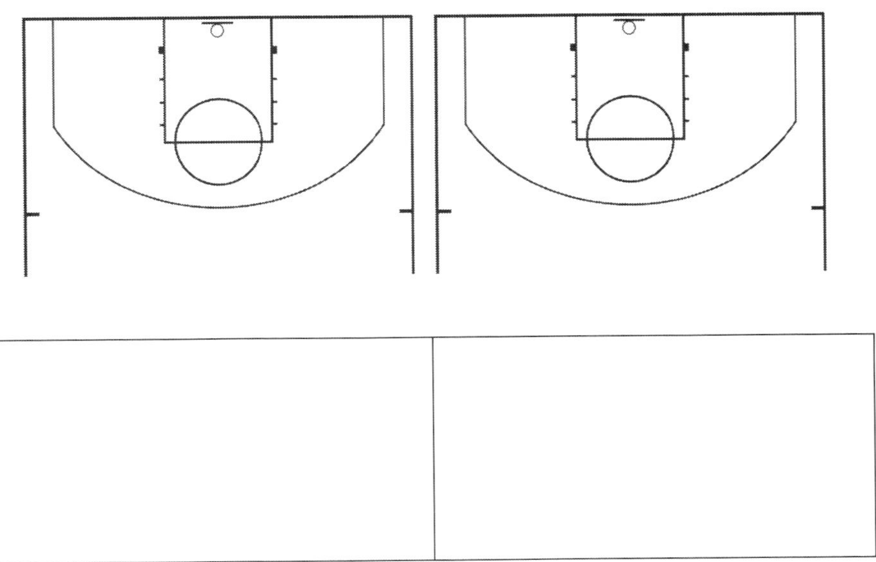

EJERCICIO: 11
OBJETIVO: Toma de Decisiones

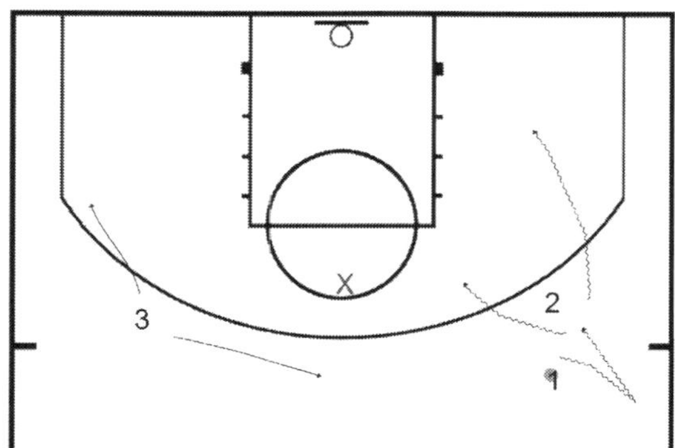

¿Queréis seguir haciendo crecer el ejercido anterior? Aquí va otra opción. Introducimos al jugador 3 y a su defensor. Ahora, 1 también tendrá la opción del pase a 3, el cual se desplazará dependiendo de su defensor.

Notas

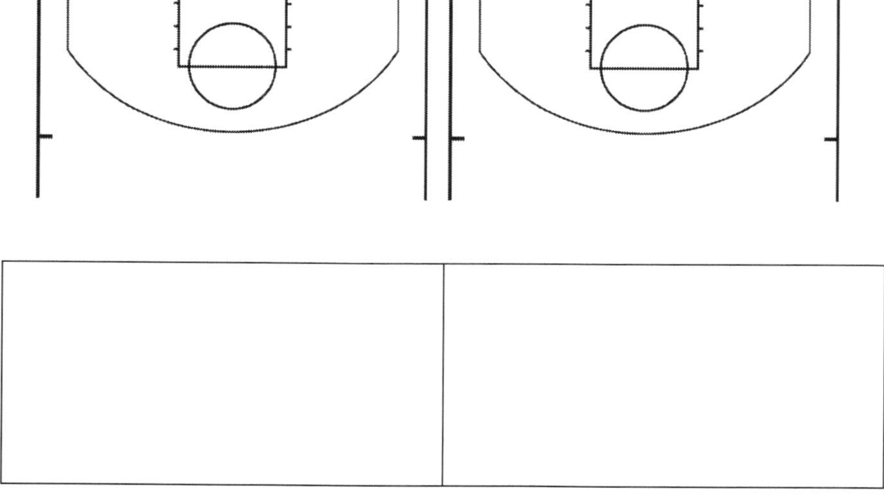

EJERCICIO: 12
OBJETIVO: Toma de Decisiones

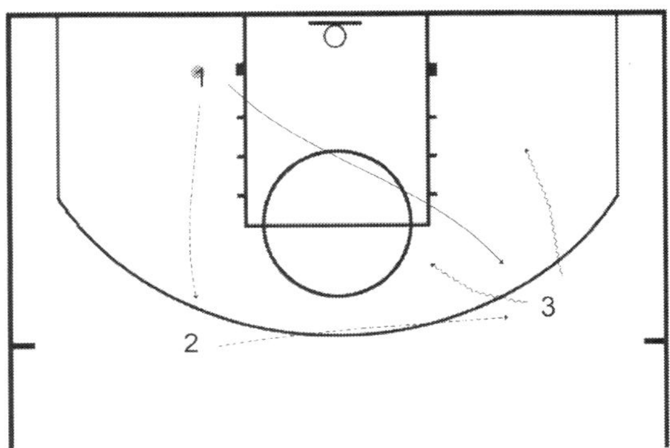

1 tras pasar a 2, va a defender el tiro de 3. 3, al recibir el pase, decide si tira, bota y tira, hacia donde sale ... Aprovechamos el ejercicio para trabajar el pase para tiro de 2, exigiéndole que el pase vaya al pecho del tirador.

Notas

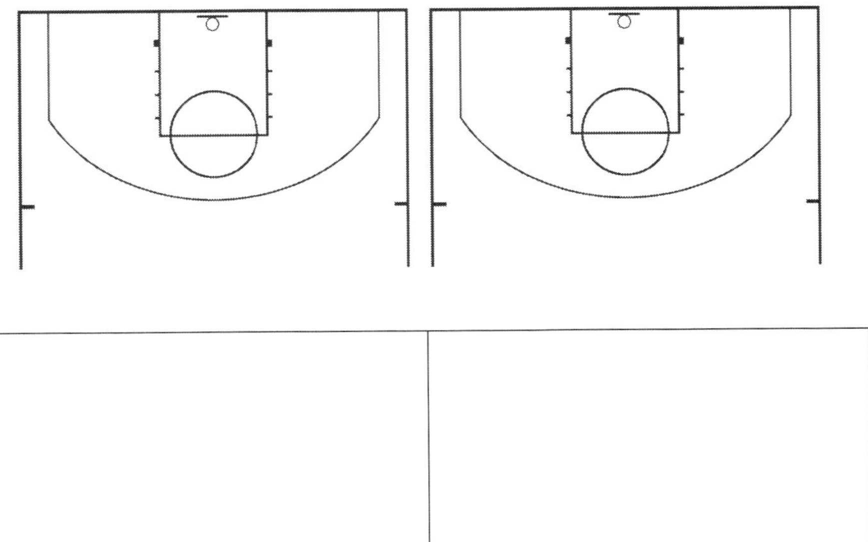

EJERCICIO: 13
OBJETIVO: Toma de Decisiones

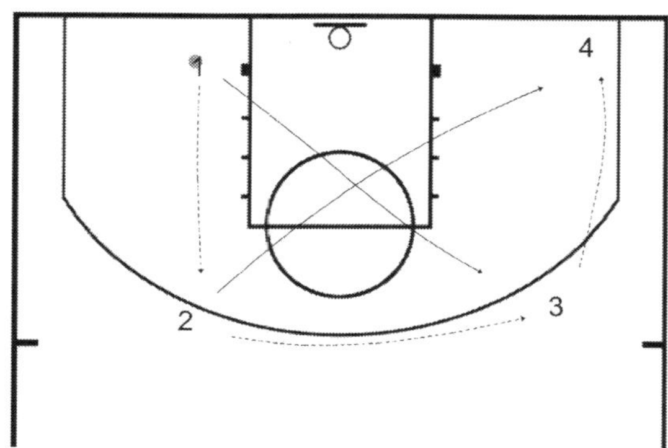

Invertimos el balón desde 1. Cuando 4 recibe, decide dependiendo de la llegada de su defensor, en este caso 2, si juega por línea de fondo, a contra pie, tira ... 3 se desplaza en ataque atendiendo s lo que haga 4. A partir de aquí, jugamos 2x2.

Notas

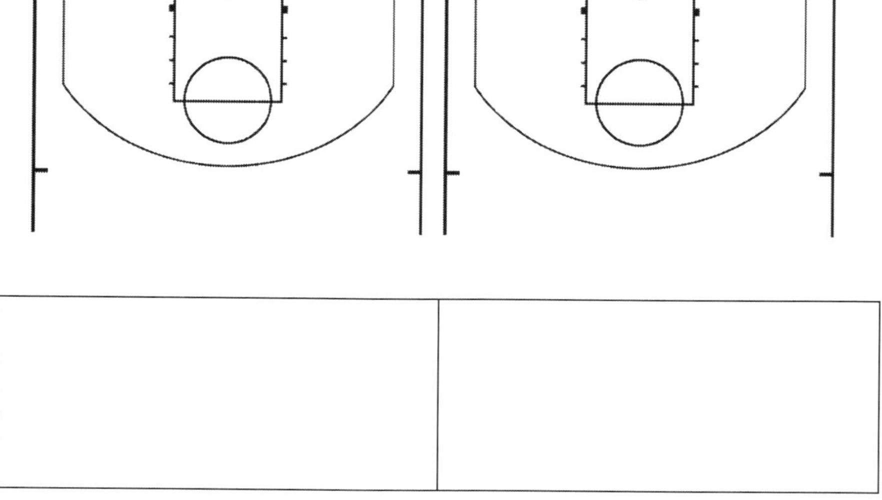

EJERCICIO: 14
OBJETIVO: Toma de Decisiones

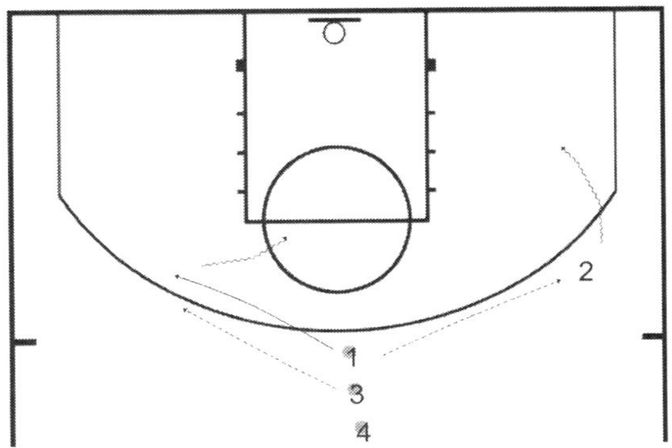

Sobre un ejercicio de tiro que todos hemos trabajado alguna que otra vez, introducimos modificaciones que nos ayudan a desarrollar otras habilidades.

El jugador con balón 1, pasa a 2 y va al lado contrario, recibiendo pase de 3. Esta es la dinámica tradicional del ejercicio, pero introducimos variantes, por ejemplo: Si 2 ha tirado tras bote hacia la derecha, 1 tiene que tirar con bote había la izquierda; si 2 tira tras bote hacia la izquierda, 1 tiene que tirar tras bote hacia la izquierda; si 2 tira sin bote, 1 penetra ... Las opciones son infinitas.

Notas

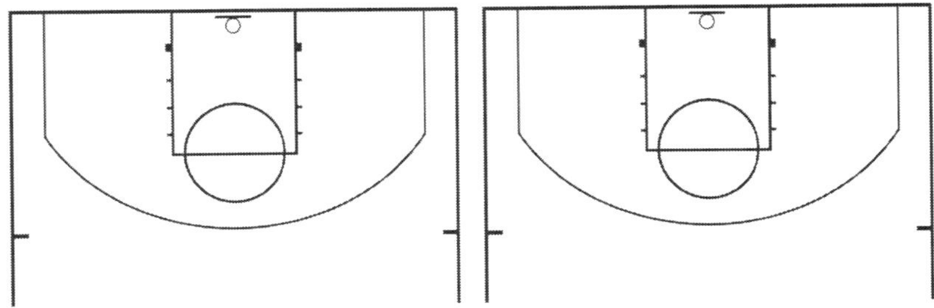

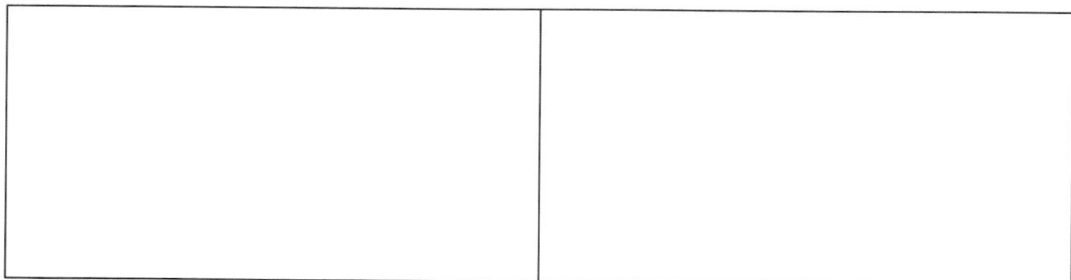

EJERCICIO: 15
OBJETIVO: Toma de Decisiones

Trabajamos con dos atacantes, dos defensores y un pasador, que en este caso será el jugador 3.

Reglas:

1.- Los jugadores tienen un máximo de dos botes para pasar, entrar o tirar.

2.- Después de perder el balón, antes de cambiar a rol defensivo, los jugadores atacantes tienen que pisar la zona.

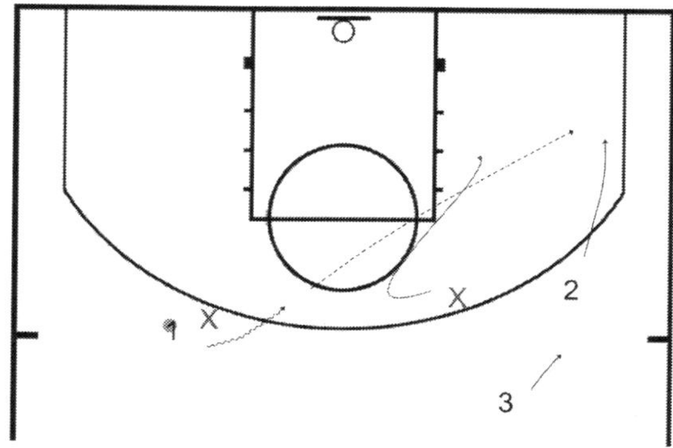

1, jugador con balón, inicia una situación de 1x1. Tras la buena defensa de su par, o la finta de ayuda del defensor de 2, da pase a 2.

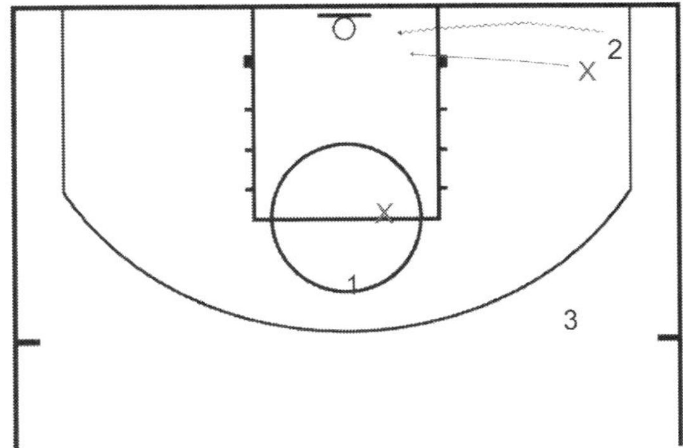

2, tras recibir, inicia penetración a canasta.

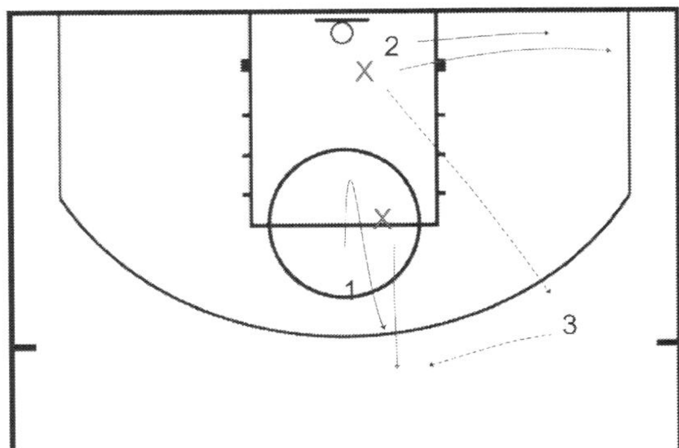

Tras la entrada de 2, en este caso ha rebotado su defensor, el cual rápidamente da pase a 3. Tras el pase, los que defendían pasan a atacar y los atacantes pasan a defender, pero previamente los nuevos defensores deben pisar la zona.

Esta fracción de tiempo mientras que pisan la zona, es la ventaja que los nuevos atacantes tienen para tomar la mejor decisión, entrar, tirar, pasar.

Trabajamos en series de 30" o a un número determinado de canastas.

Notas

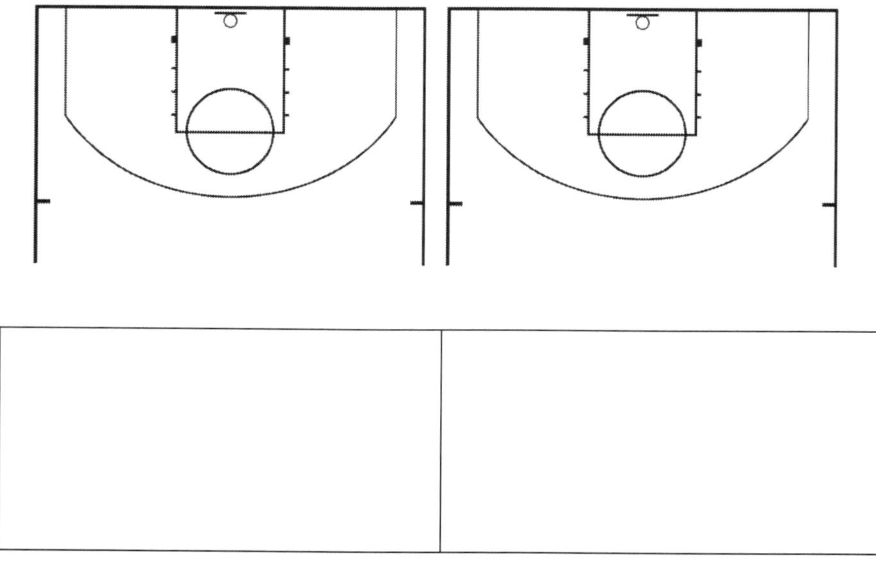

EJERCICIO: 16
OBJETIVO: Toma de Decisiones y Ocupación de Espacios

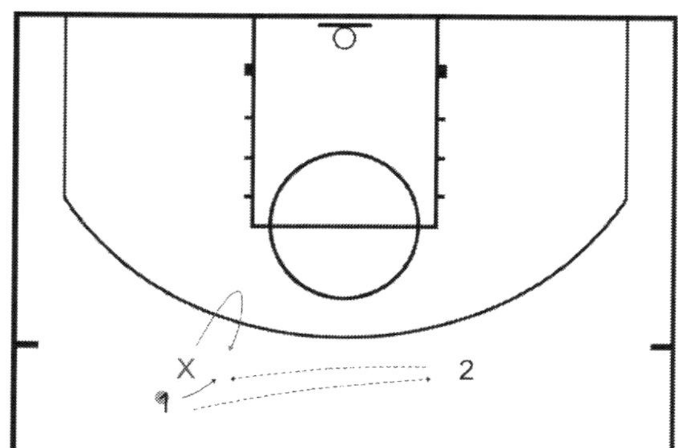

El jugador con balón 1, pasa a 2 y este se lo devuelve. A la vez, el defensor de 1 tiene que ir a pisar dentro de 6,75 antes de ir a defender.

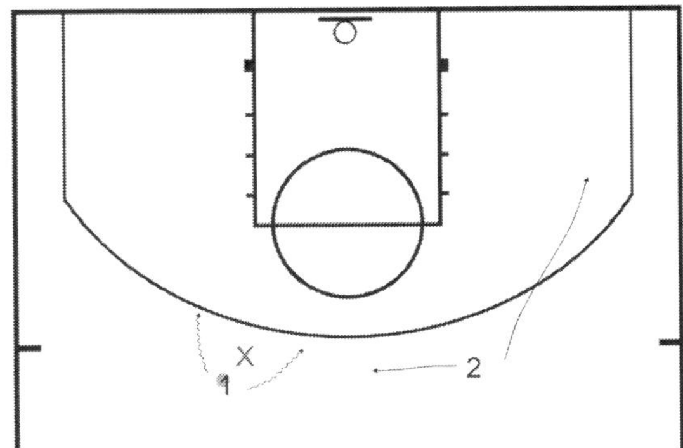

Cuando 1 vuelve a recibir el pase de vuelta, penetra " tirando " o “ empujando “ a 2, el cual ofrece una línea de pase para 1. A partir de la recepción, 2 puede tirar, penetrar a canasta ...

Un siguiente paso en la evolución del ejercicio podría ser el incluir un defensor para 2.

Notas

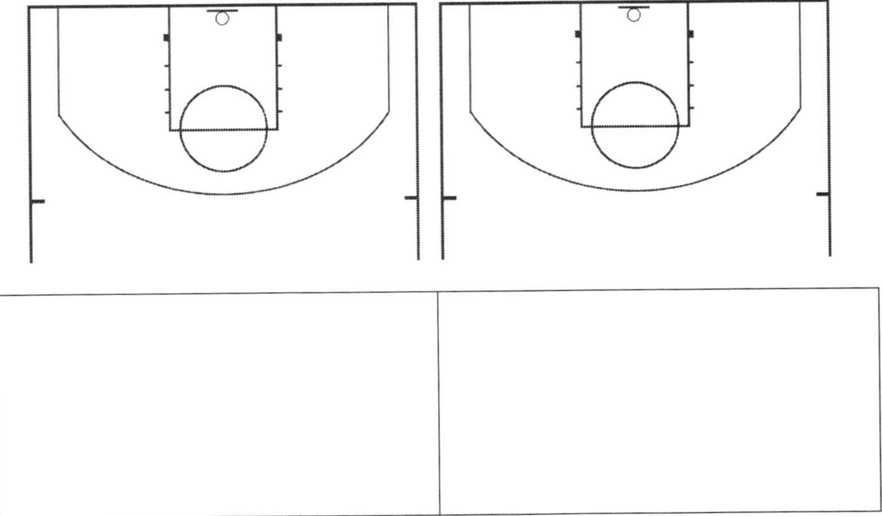

EJERCICIO: 17
OBJETIVO: Toma de Decisiones

Dribling y tres en raya

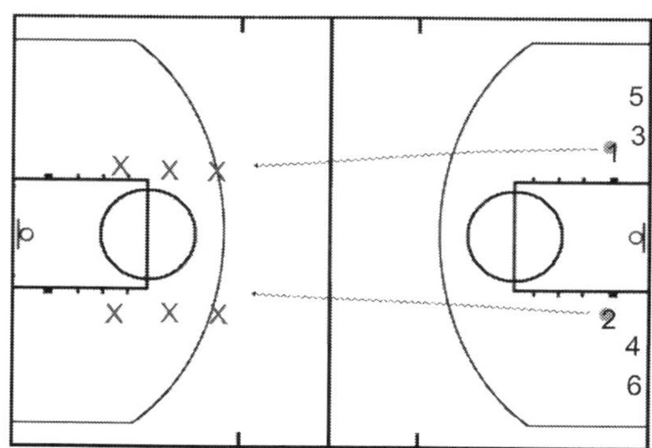

Dos filas de jugadores, el primero de cada fila con balón. Todos los jugadores de la misma fila, deben tener un objeto de igual color (camiseta, cono ...). A la señal del entrenador, salen botando hacia el campo contrario y dejan el objeto en una de las señales. Tras dejarlo, vuelven botando a su fila y sale su compañero, el cual al llegar a las señales del campo contrario, deberá dejar su objeto sobre una de estas. El objetivo es conseguir hacer tres en raya antes que el equipo contrario.

Notas

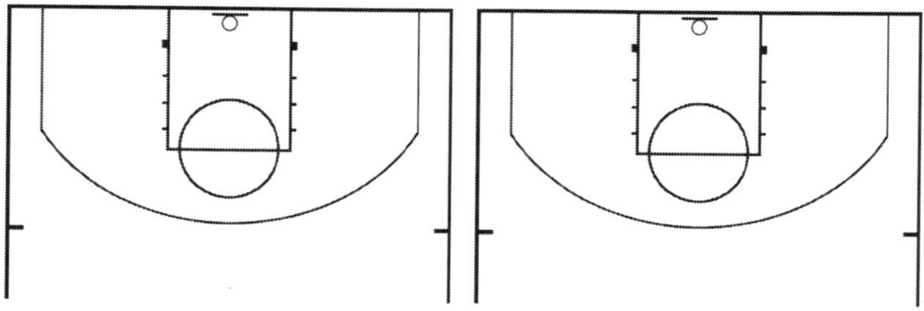

EJERCICIO: 18
OBJETIVO: Toma de Decisiones

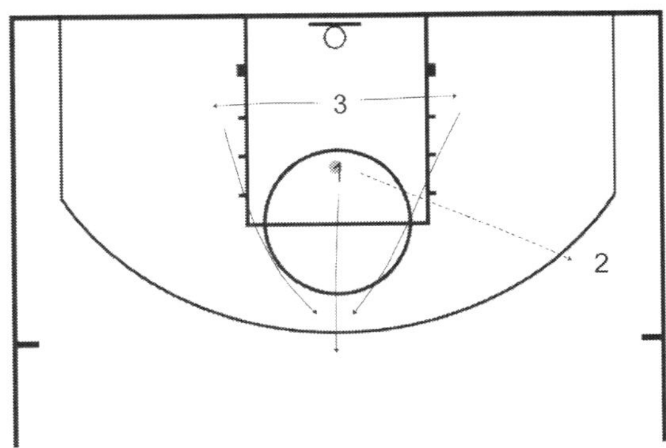

Un atacante, un defensor y un pasador. 1, da pase a 2 y sale a recibir por la línea de tiros libres. El defensor 3, va a defender, pero previamente ha tenido que pisar fuera de la zona por uno u otro lateral. El jugador 1, tendrá que decidir la acción a ejecutar dependiendo de por dónde aparezca 3.

El objetivo es la ejecución de la mejor decisión en el menor tiempo posible.

Notas

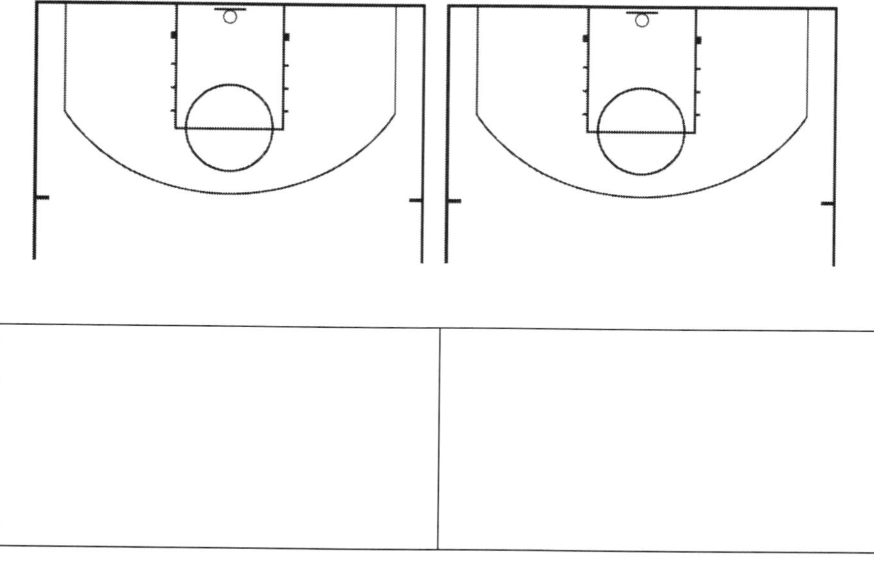

EJERCICIO: 19
OBJETIVO: Toma de Decisiones

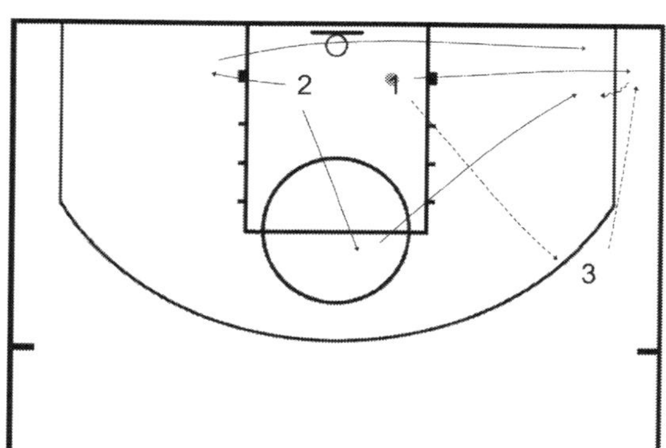

Un atacante, un defensor y un pasador. 1 da pase a 3 y sale a recibir. El defensor 2, antes de ir a defender, tiene que pisar fuera de la zona, bien por el lado contrario o por la línea de tiros libres. El jugador 1, tiene que tomar la mejor decision en el menor tiempo posible no perdiendo la ventaja que el handicap que le hemos colocado al defensor le proporciona.

Notas

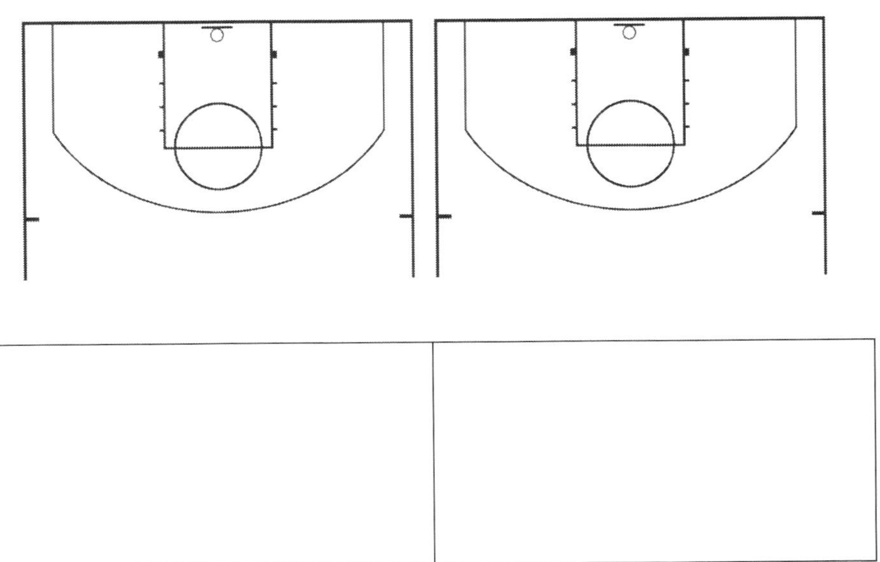

EJERCICIO: 20
OBJETIVO: Toma de Decisiones

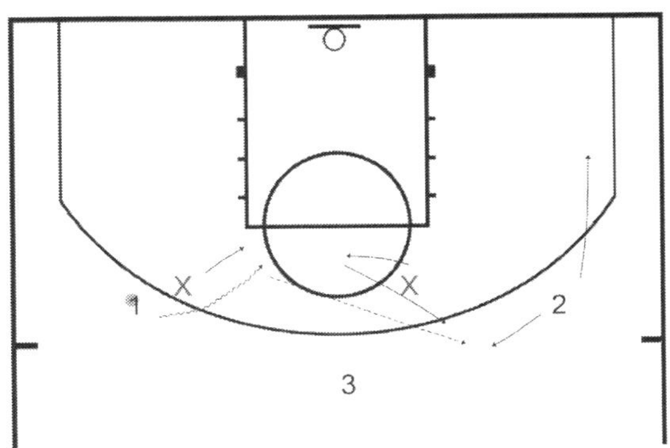

1 y 2 juegan una situación de dos contra dos contra sus

defensores, pudiendo utilizar el pase a 3 como alternativa

ante una buena defensa. Si hay robo o pérdida de balón, se produce un cambio de roles ataque-defensa, pero siempre lo primero será dar pase a 3.

Podemos ir limitando las acciones permitidas al ataque; número máximo de pases, obligación de tirar ...

Notas

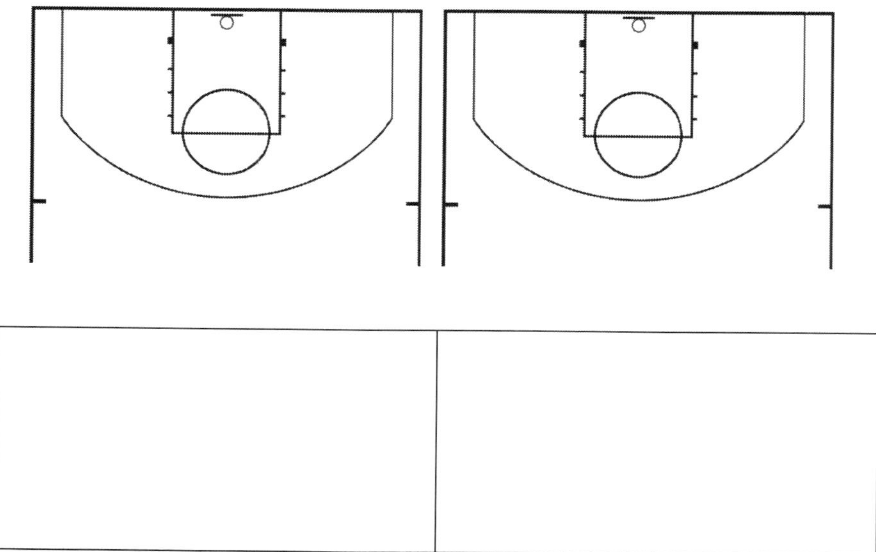

EJERCICIO: 21
OBJETIVO: Toma de Decisiones

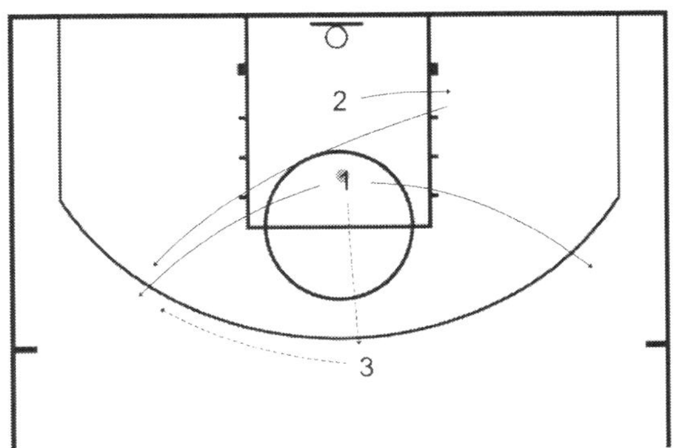

Un pasador, un atacante y un defensor. El jugador 1 da pase a 3 y sale a recibir hacia uno u otro alero. El defensor 2, antes de ir a defender tiene que pisar fuera de la línea de zona por el lado contrario al que 1 decidió salir.

Podemos modificar el ejercicio obligando al defensor a pisar la línea de fondo, o la línea de zona del lado por el que 1 salió ... Todas estas modificaciones provocarán un cambio en " por donde " viene la defensa y harán que el jugador 1 haya de alternar las decisiones a tomar.

Notas

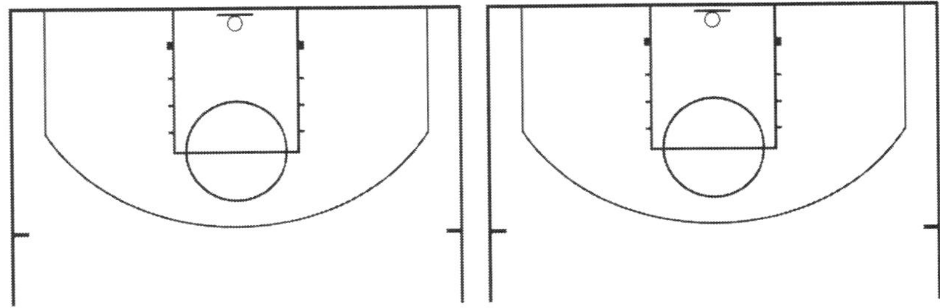

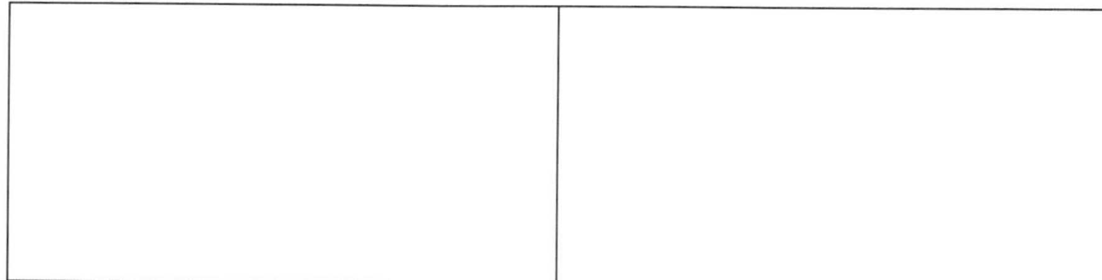

EJERCICIO: 22
OBJETIVO: Toma de Decisiones

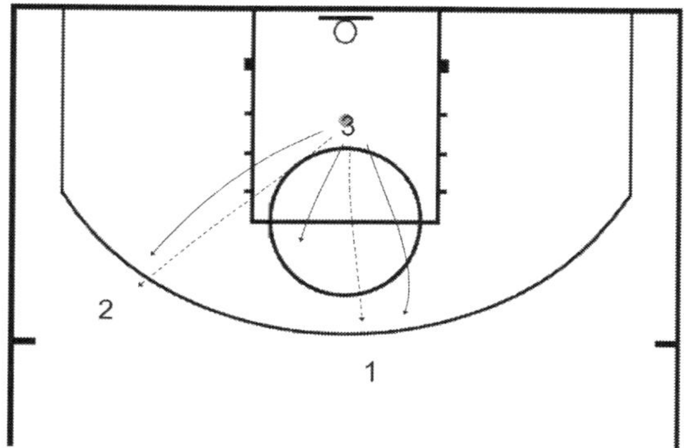

El jugador 3 con balón, da pase a cualquiera de los atacantes. Estos, una vez tienen el balón inician el ataque de forma rápida. 3 pasa a defender actuando de manera diferente en cada una de las acciones. Puede ir directamente a defender al que recibió el pase, ir a defender al jugador contrario, ir al medio ...

Los atacantes deberán tomar la mejor decisión ante las defensas alternativas que el defensor vaya ejecutando.

Notas

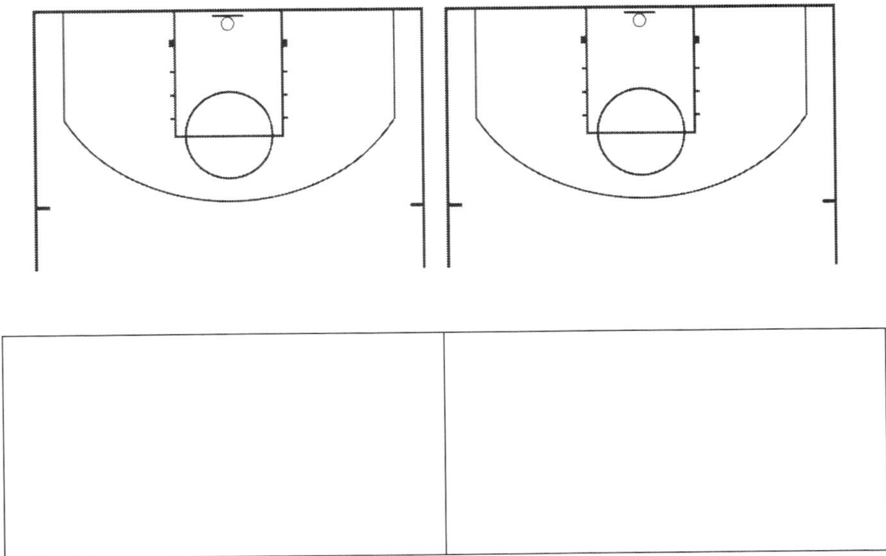

EJERCICIO: 23
OBJETIVO: Toma de Decisiones

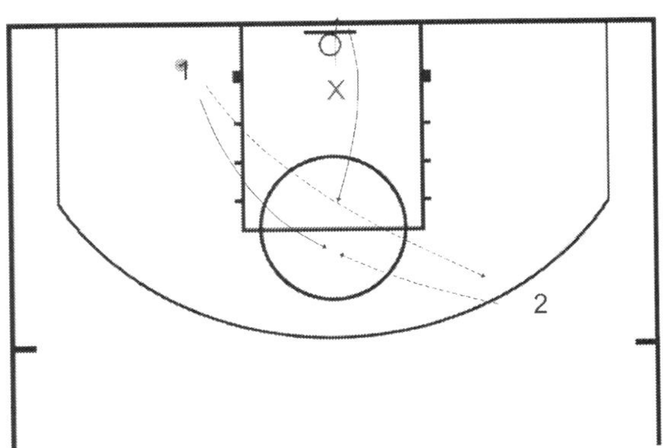

El jugador 1 da pase a 2 y va a recibir pase de vuelta. Mientras, el defensor pisa la línea de fondo antes de ir a defender. 1, dependiendo de la acción del defensor tomará una u otra decisión: recibir y tirar; recibir y jugar; puerta atrás, o si la defensa llega muy tarde, recibir posteando de espaldas a canasta.

Notas

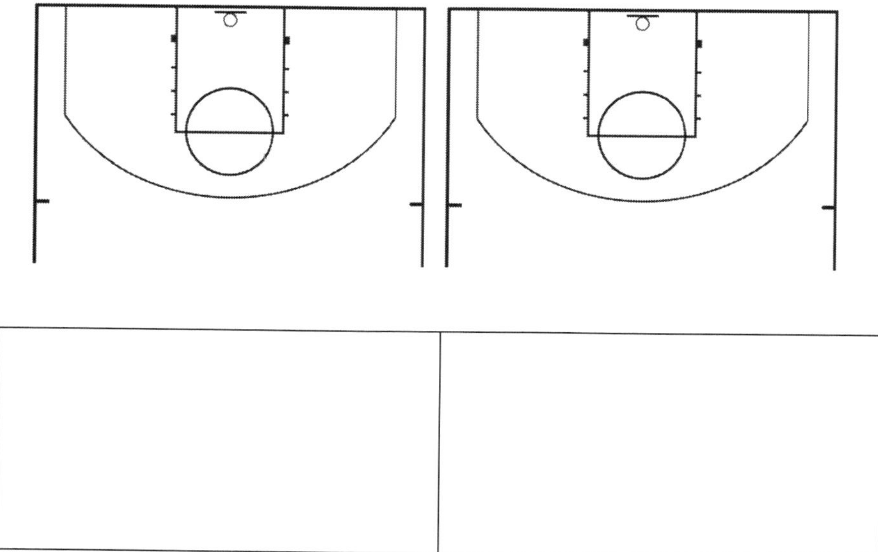

EJERCICIO: 24
OBJETIVO: Toma de Decisiones en contraataque

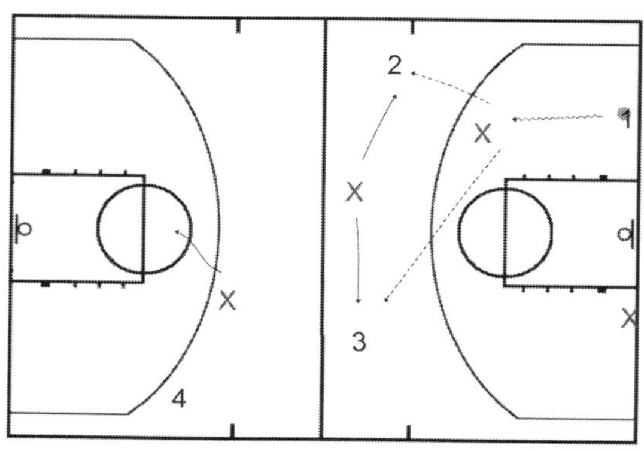

Con los jugadores colocados según el diagrama, los atacantes deberán decidir los pases a dar y cómo actuar atendiendo a las acciones de la defensa. Los defensores irán actuando de forma diferente en cada acción intentando provocar el error en el ataque, bien provocando violaciones, malos pases ...

Notas

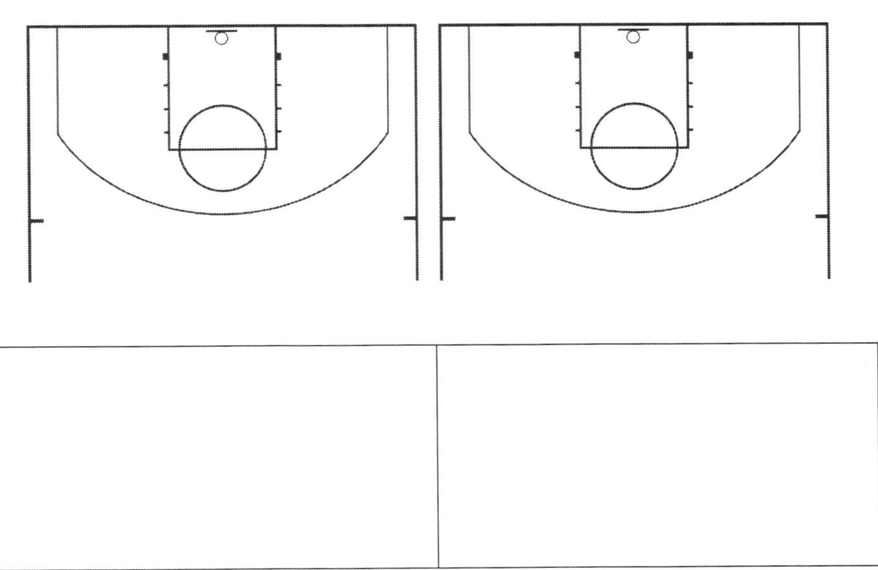

EJERCICIO: 25
OBJETIVO: Toma de Decisiones

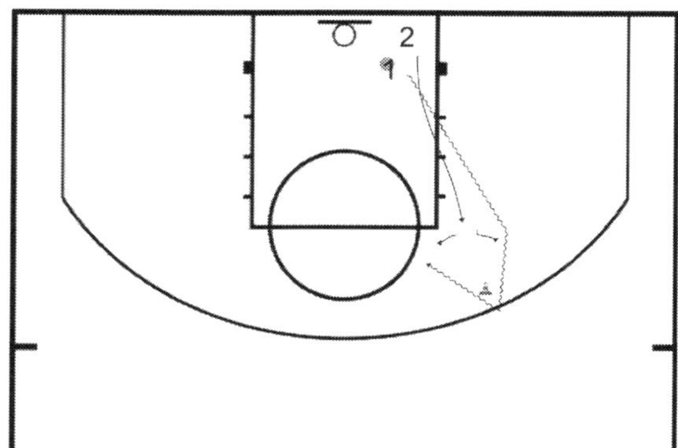

El jugador 1 con balón, sale botando y al llegar al pivote deberá decidir si lo rodea y va hacia canasta, para y tira, cambia y va a canasta por donde venía ..., todo ello dependiendo de por donde haya decidido la defensa salir.

Al defensor le pedimos que vaya cambiando sus acciones de forma alternativa, saliendo pegado al atacante, saliendo por dentro del pivote, quedándose ...

Notas

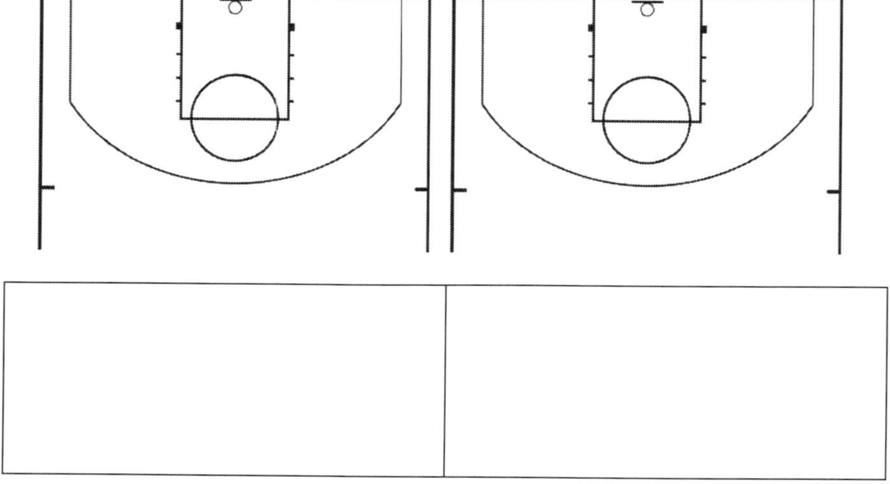

2.- Construcción de la Defensa

EJERCICIO: 26
OBJETIVO: Construcción de la Defensa

A continuación planteamos un ejercicio defensivo en el que trabajaremos diferentes opciones dependiendo de quién sea el jugador que ataca.

Los tres jugadores atacantes cada uno con un balón.

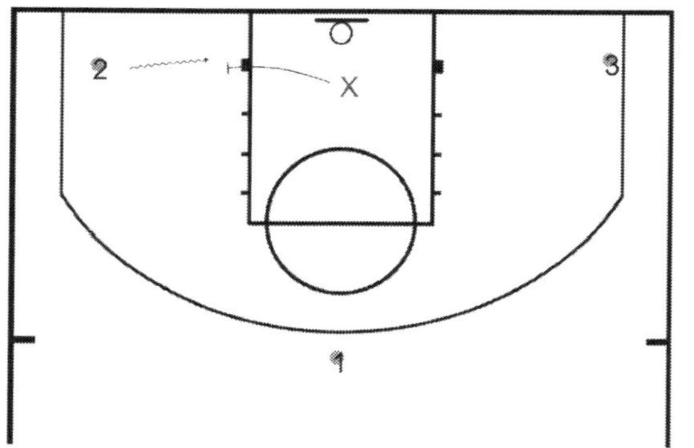

Ante la penetración de 2, trabajamos la provocación de falta de ataque. Después de haber provocado la falta de ataque, el defensor vuelve a la posición original y se dispone a una nueva defensa.

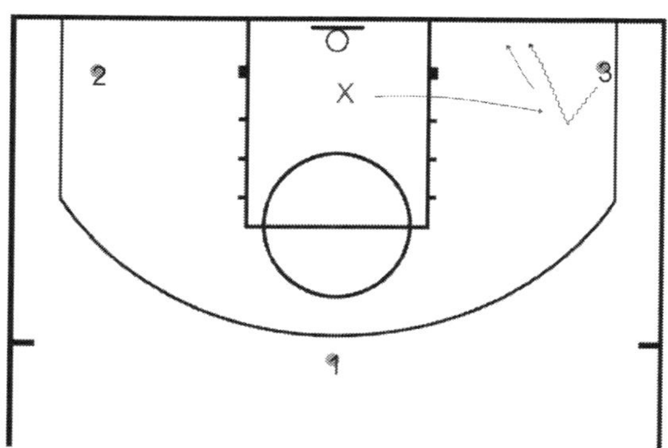

Una vez que el defensor ha vuelto a su posición original, y

tras esperar 3 o 4 segundos " pataleando ", defiende la penetración de 3. Aquí el objetivo es que no penetre.

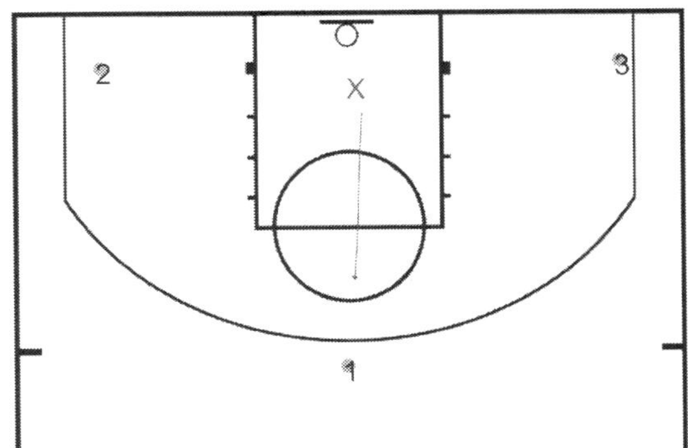

Tras haber defendido la penetración de 3, el defensor vuelve a su posición inicial y tras " pataleo ", va a defender a 1. En esta ocasión, el defensor llega trabajando la recuperación, con pasos cortos conforme se acerca al atacante y brazos levantados para defender el tiro.

Podemos modificar el ejercicio: el atacante parte desde bote, solo puede usar una mano ...

Notas

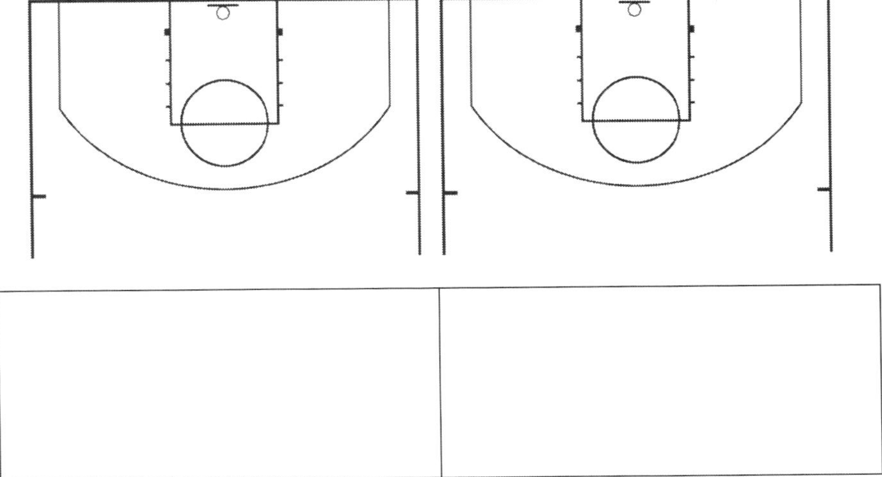

EJERCICIO: 27
OBJETIVO: Construcción de la Defensa. Recuperación Defensiva

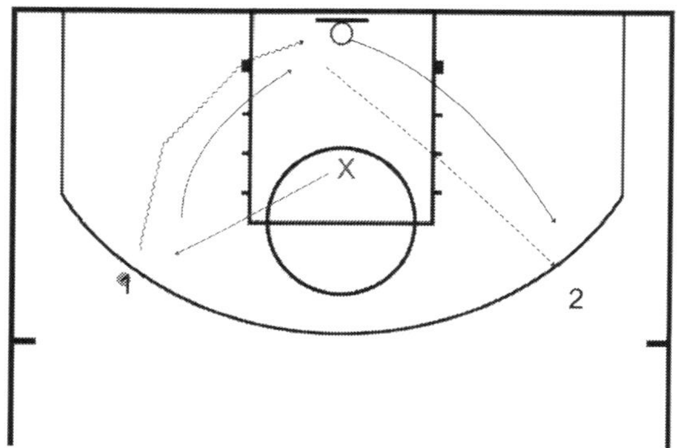

El jugador con balón 1, juega un uno contra uno con el defensor X que viene desde el centro de la zona. Tras jugar este uno contra uno, el defensor pasa el balón a 2, el cual se puede mover libremente para recibir. 1 cambia de rol y pasa a defender a 2, el cual no espera a la llegada de este.

Trabajamos la recuperación defensiva y el ángulo de pies, evitando que nos desborde por el centro. Podemos cambiar el objetivo del ejercicio y trabajar la toma de decisiones del atacante, el cual debe leer por donde salir con bote, tirar ...

Notas

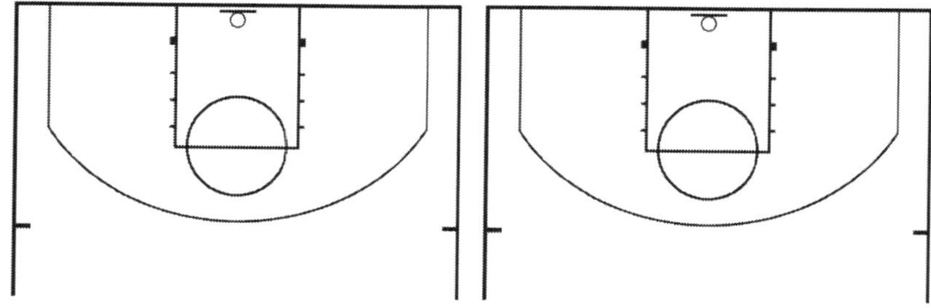

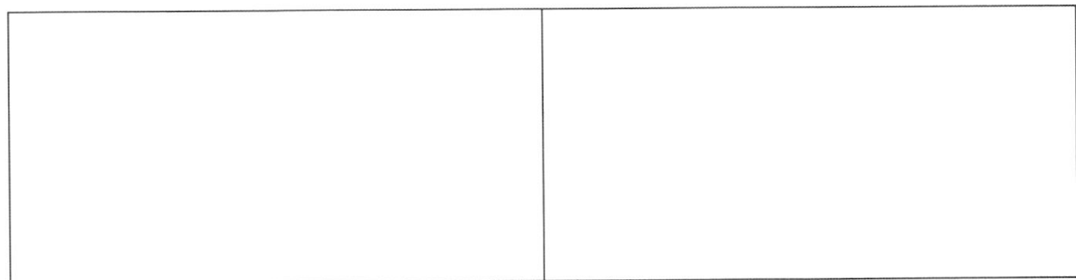

EJERCICIO: 28
OBJETIVO: Construcción de la Defensa. Defensa del Bloqueo Ciego

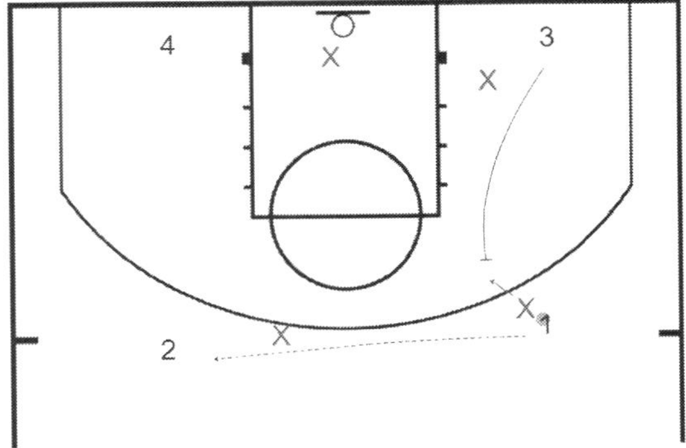

En una situación 4x4, el jugador 1 con balón, da pase a 2 y recibe bloqueo ciego de 3.

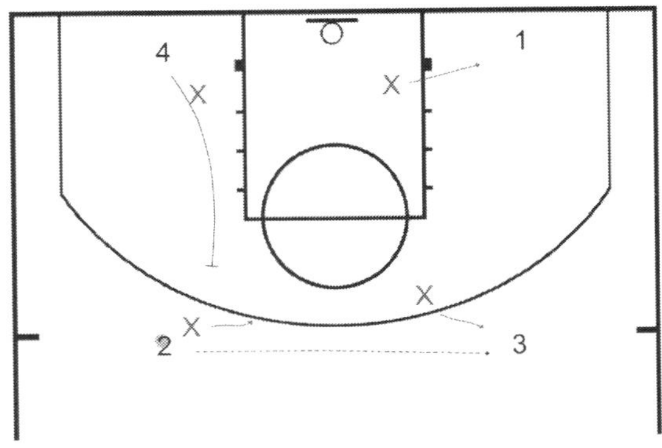

2, da pase a 3 y recibe bloqueo ciego de 4. Podemos trabajar una serie de 4 pases antes de permitir jugar a canasta.

Este ejercicio nos permitirá trabajar el bloqueo ciego entre pequeños, de pequeño a grande o de grande a pequeño. Todo dependerá de la disposición de nuestros jugadores.

Notas

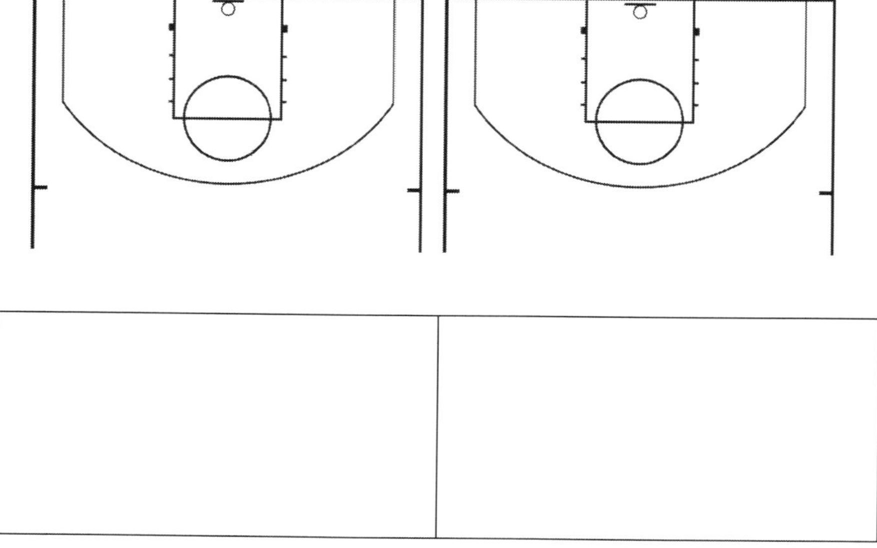

EJERCICIO: 29
OBJETIVO: Construcción de la Defensa. Defensa del Bloqueo Ciego

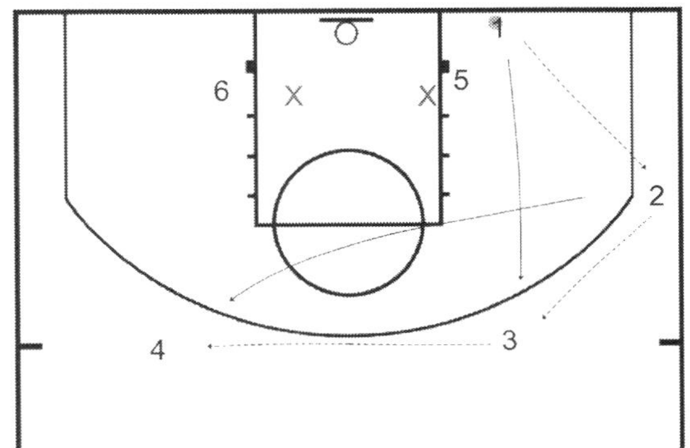

Basándonos en un ejercicio que utilizo mucho, lo adaptamos para trabajar la defensa del bloqueo ciego. 1 pasa a 2 y va a defender a 3. 2 pasa a 3 y va a defender a 4.

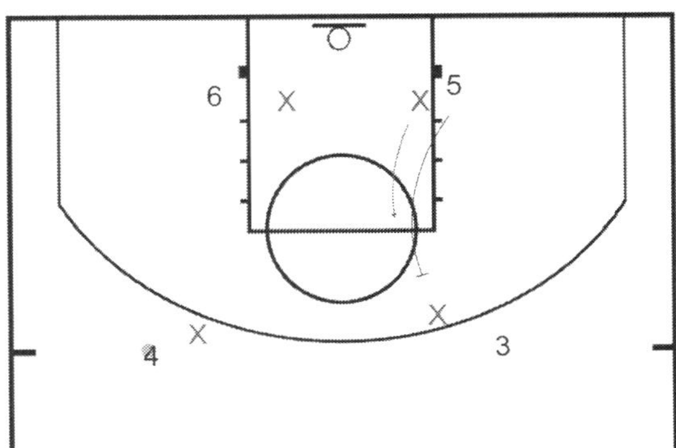

Ya hemos conseguido la disposición de nuestros jugadores de forma que nos permite trabajar el bloqueo ciego.

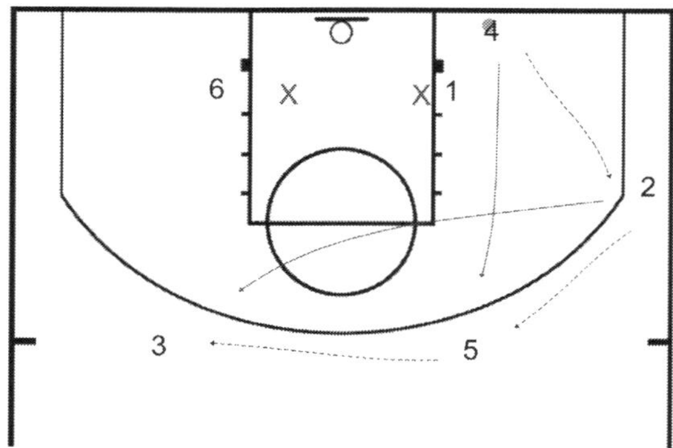

Si queremos trabajar la defensa del bloqueo ciego de pequeño a grande, solo tenemos que modificar la posición inicial de los jugadores, colocando al pequeño 1 en el poste bajo y a los grandes en la posición de 4 y 5.

Notas

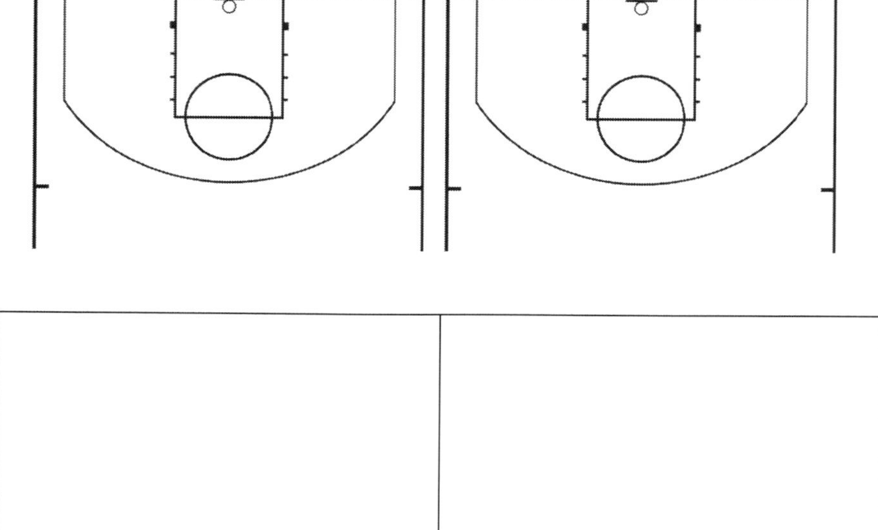

EJERCICIO: 30
OBJETIVO: Construcción de la Defensa. Primera y Segunda Ayuda

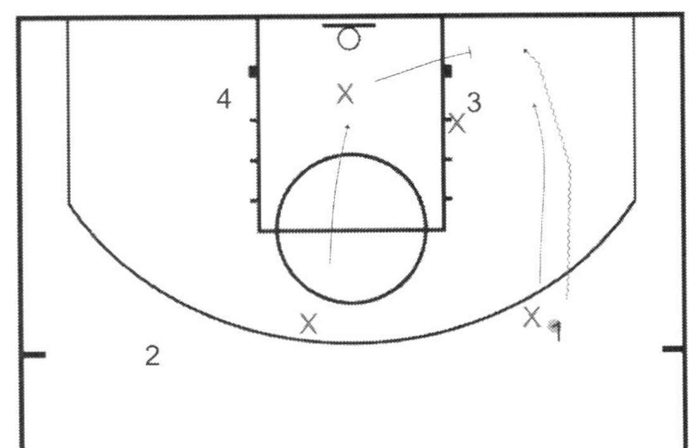

En una situación de 4 contra 4, el jugador 1 con balón, realiza una penetración a canasta. Su defensor, le da un bote de ventaja. El poste 3, del lado balón sube para facilitar la penetración de 1. El defensor de 4 hace la primera ayuda y el defensor de 2 la segunda ayuda. 1 da pase exterior a 2 y a partir de aquí recuperaciones y juego 4x4.

Notas

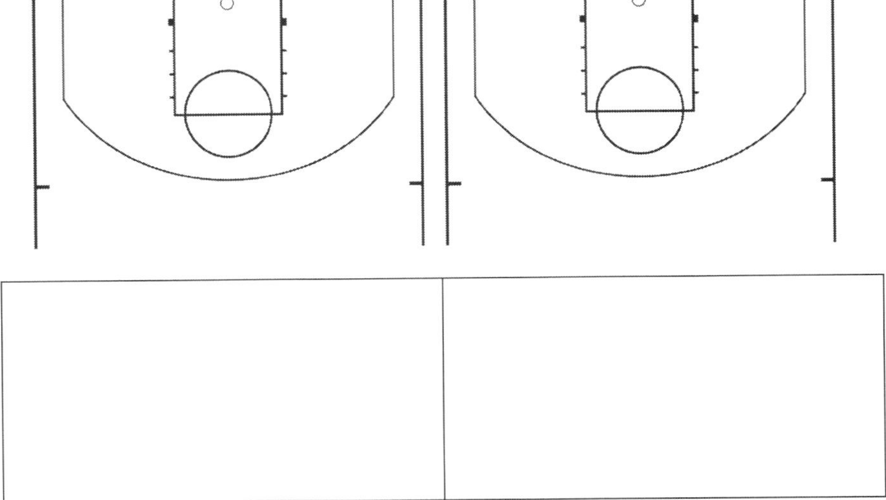

EJERCICIO: 31
OBJETIVO: Construcción de la Defensa. Ayuda ante penetración por fuera de la línea de Tiros Libres

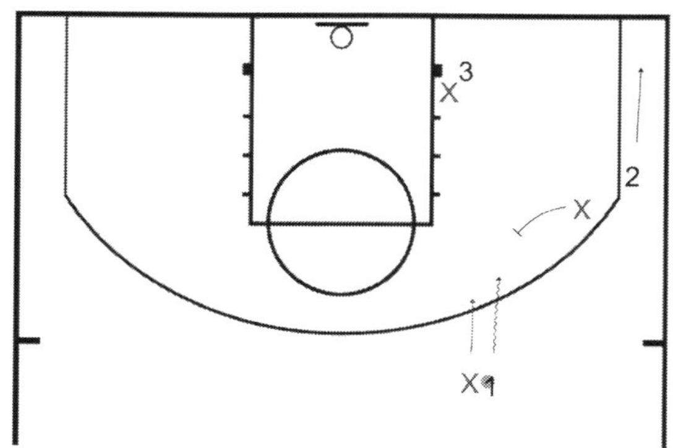

En una situación de 3 contra 3, el defensor de 1 le da 1 bote de ventaja, tras el cual ira rápido a recuperar. Establecemos que ante este tipo de desventajas, sea nuestro defensor exterior el que salte a la ayuda. A partir de aquí, jugamos 3 contra 3.

Notas

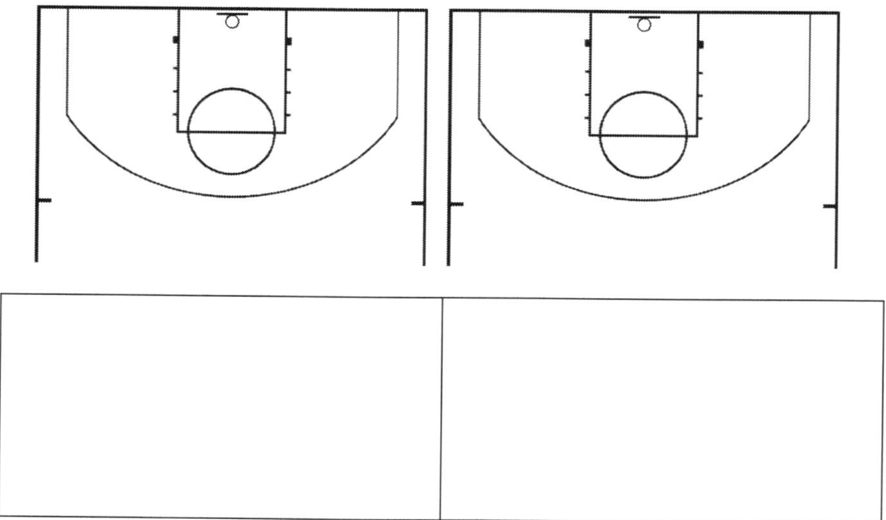

EJERCICIO: 32

OBJETIVO: Construcción de la Defensa. Ayuda ante penetración por línea de Tiros Libres

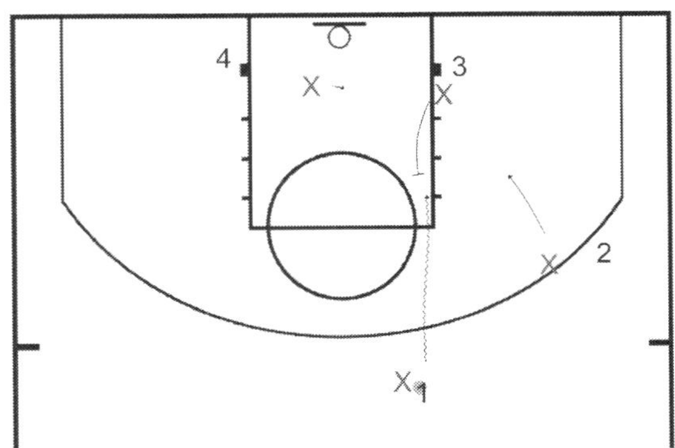

En una situación de 4 contra 4, el defensor de 1 le da la ventaja de un bote, a partir del cual, rápido va a recuperar. Al ser una penetración por la línea de tiros libres, establecemos que la ayuda la hace el defensor del jugador interior. El defensor de 4 ajusta su posición, y ante un posible pase a 3, podríamos establecer que sea este quien vaya a defenderlo, cambiando su defensa con el poste que saltó a la ayuda. El defensor de 2 cae. A partir de aquí, jugamos el cuatro contra cuatro.

Notas

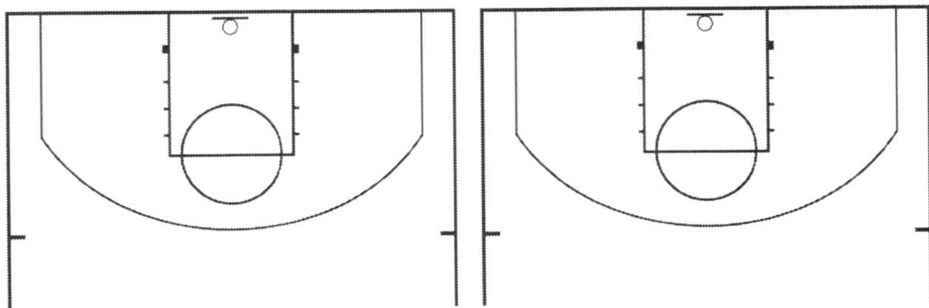

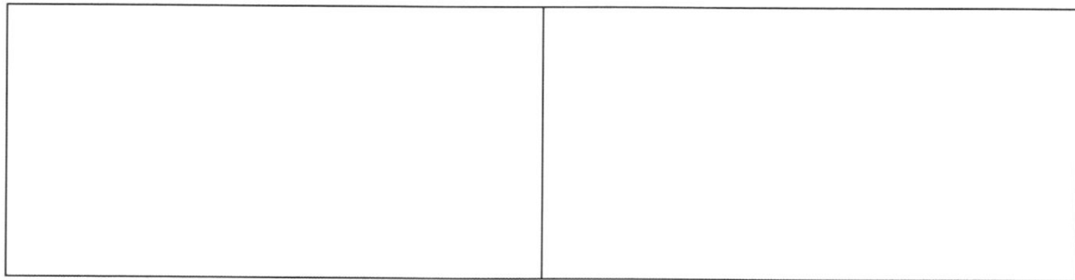

EJERCICIO: 33
OBJETIVO: Construcción de la Defensa. Ajustes defensivos y Juego 2x2

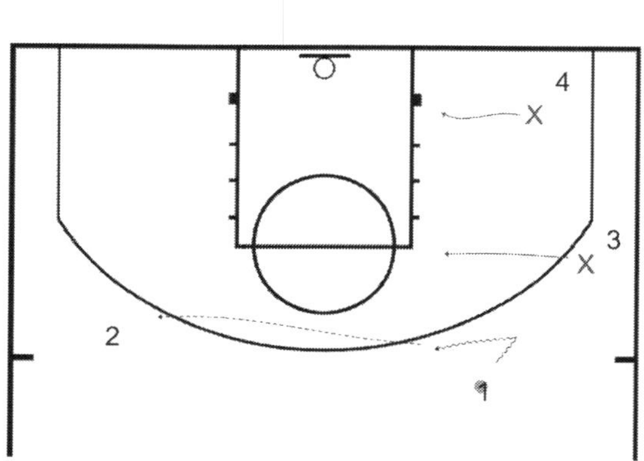

En una situación de 2 contra 2 mas dos pasadores, la defensa va ajustando su posición según el dribling y los pases entre 1 y 2. Pasados 15", damos pase a 3 o a 4. A partir de aquí, juegan 2 contra 2.

Notas

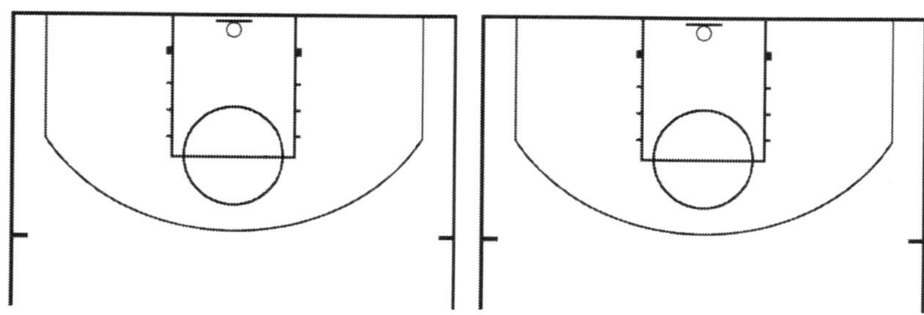

EJERCICIO: 34
OBJETIVO: Construcción de la Defensa. Ajustes Defensivos y Recuperaciones

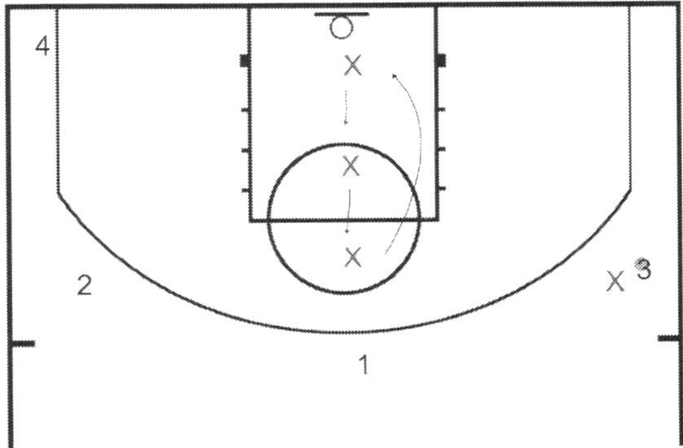

Cuatro jugadores atacantes y cuatro defensores.

Durante 15", los defensores van alternando sus posiciones mediante desplazamientos defensivos.

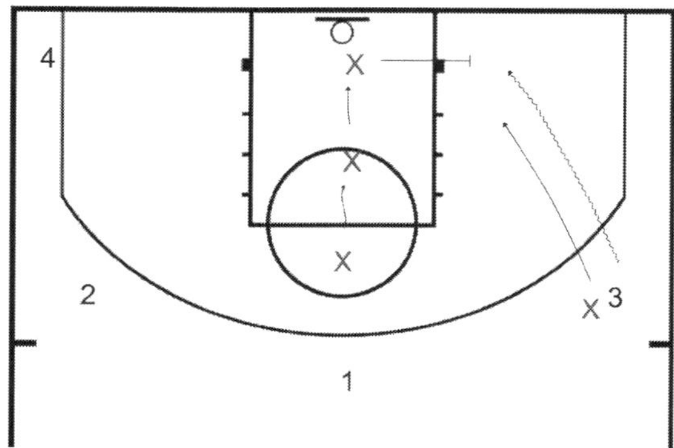

A la señal de E, el jugador 3 con balón, inicia la penetración provocando la primera ayuda del defensor más cercano a línea de fondo.

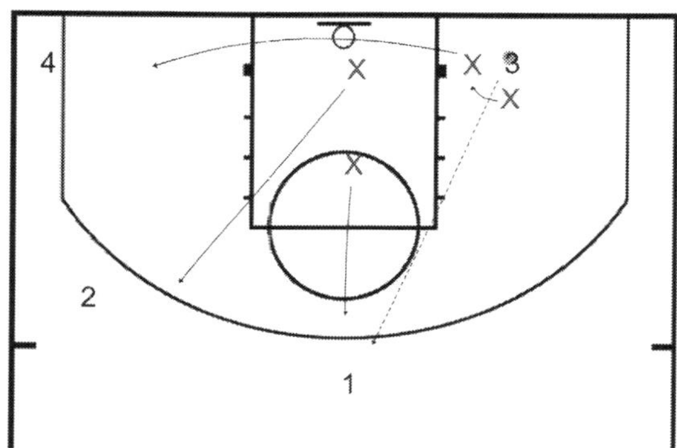

El resto de defensores ajustan segunda ayuda, triangulaciones ...

Cuando 3 pasa el balón, recuperan y juego 4x4.

Notas

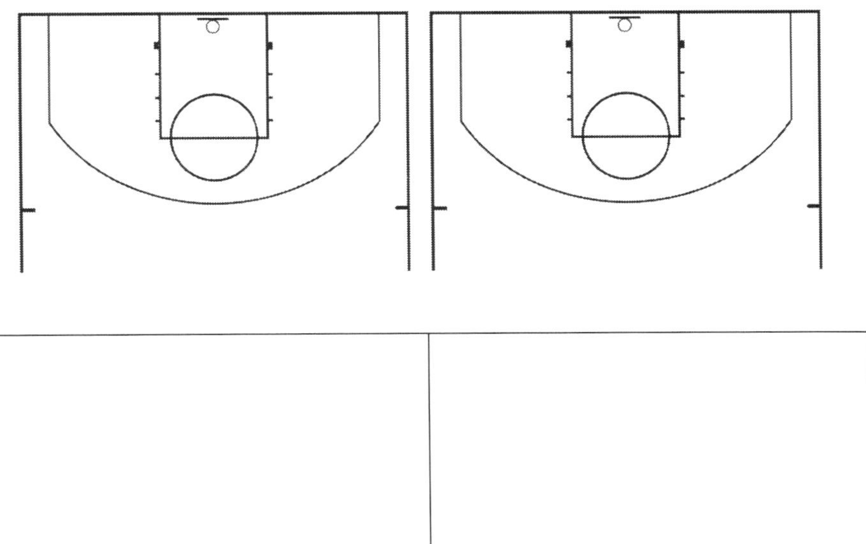

EJERCICIO: 35
OBJETIVO: Construcción de la Defensa. Ajustes defensivos

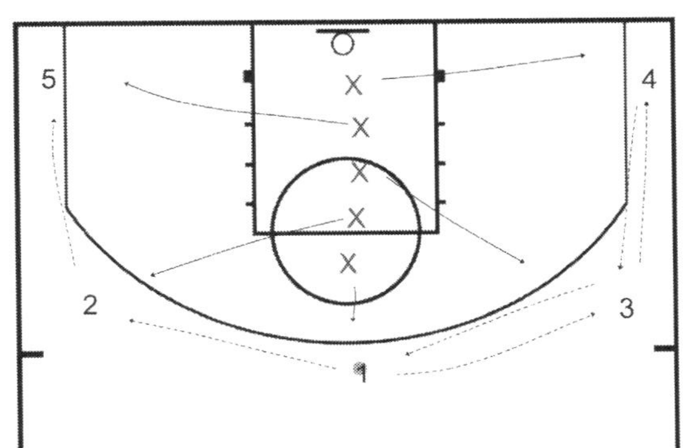

Cinco atacantes y cinco defensores. Los jugadores atacantes van invirtiendo el balón durante unos 15".

Mientras, los defensores realizan desplazamientos defensivos entre los límites laterales de la zona. A la señal de E, cada defensor se dirige a defender a un atacante y pasamos a jugar 5x5.

Buen ejercicio para trabajar la defensa teniendo en cuenta donde se encuentra el balón. Así, debemos corregir detalles como, el ángulo de pies, el no pegarse a su hombre en el lado de ayuda, la triangulación defensiva ...

Variante: podemos utilizarlo también para trabajar el bloqueo de rebote. A la señal de E, el atacante que tiene el balón, tira.

Notas

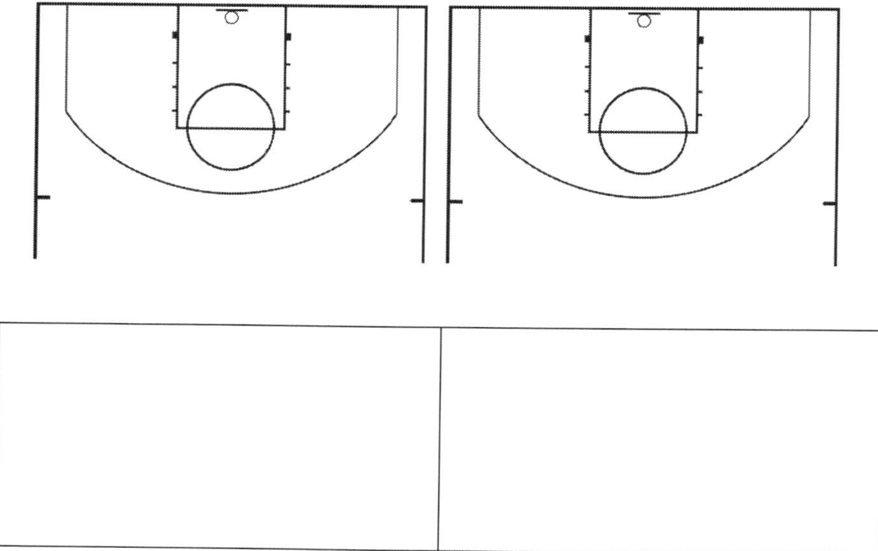

EJERCICIO: 36
OBJETIVO: Construcción de la Defensa. Primera Ayuda y Recuperación

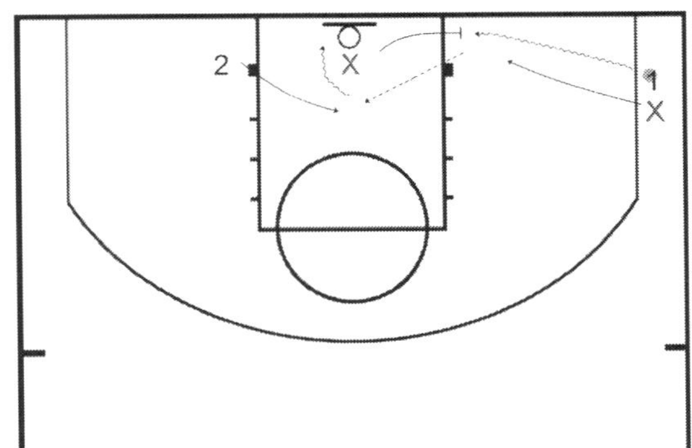

El jugador 1 penetra por línea de fondo provocando la ayuda del defensor de 2. Ante el movimiento del defensor, 2 ocupa el centro para facilitar línea de pase a 1.

Hay que intentar que la ayuda se produzca en el límite de la zona. Podemos incluir a un defensor para 1, el cual le dará ventaja de un bote por línea de fondo. A partir de que el balón toca el suelo en el primer bote, el defensa de 1, pasa a defender y jugamos 2 contra dos.

Notas

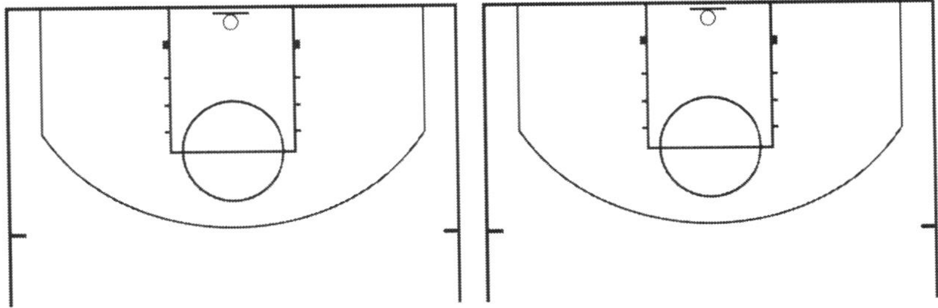

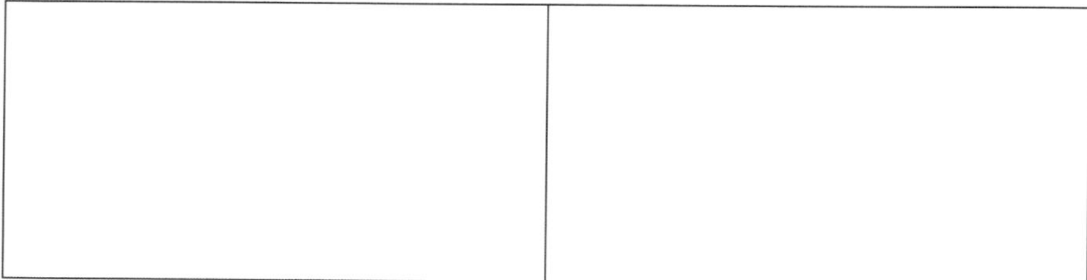

EJERCICIO: 37
OBJETIVO: Construcción de la Defensa. Ajustes defensivos

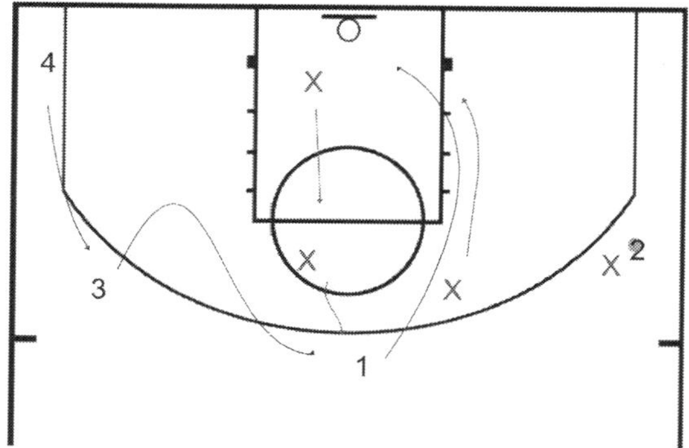

Con los jugadores colocados inicialmente según el diagrama, los atacantes van realizando cortes a canasta y cada defensor defiende el corte de su par.

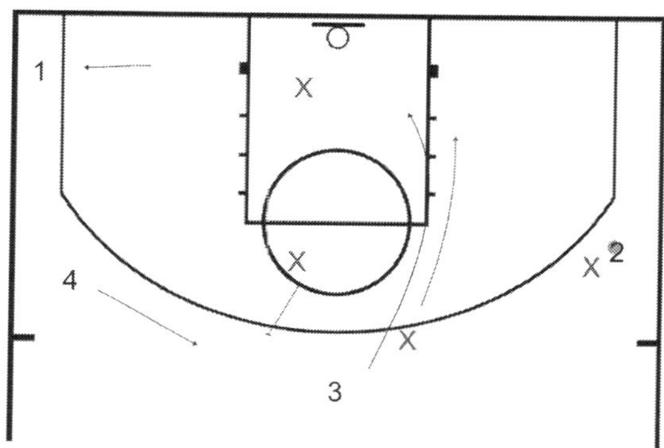

Cuando el atacante acaba de realizar el corte, incidimos a los defensores en que no sigan pegados a su par en el lado de ayuda.

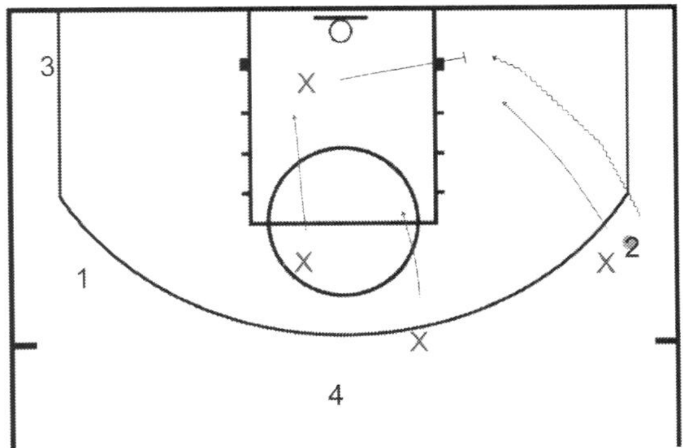

Pasados unos 15" o un número de cortes determinados, o simplemente, cuando lo decida el jugador con balón 2, este inicia una penetración provocando las primeras y segundas ayudas. La primera ayuda la realiza el defensor más cercano a la línea de fondo.

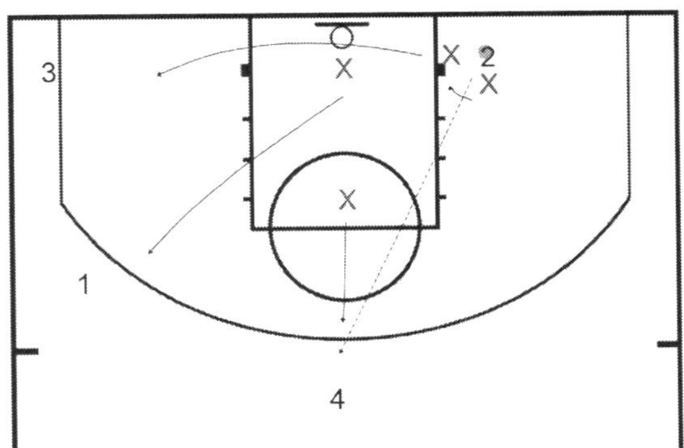

2, da pase exterior y a partir de aquí, jugamos cuatro contra cuatro.

Notas

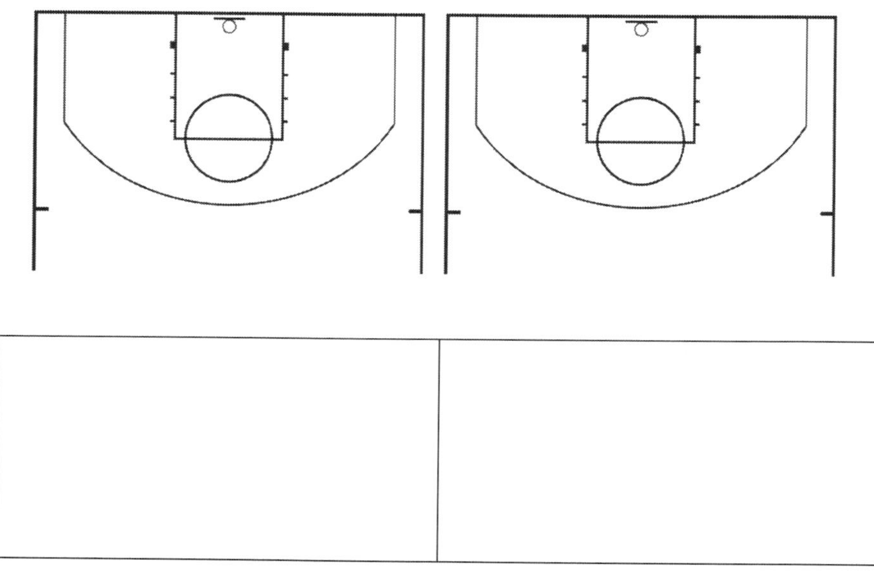

EJERCICIO: 38
OBJETIVO: Construcción de la Defensa. Recuperación defensiva y defensa de las penetraciones

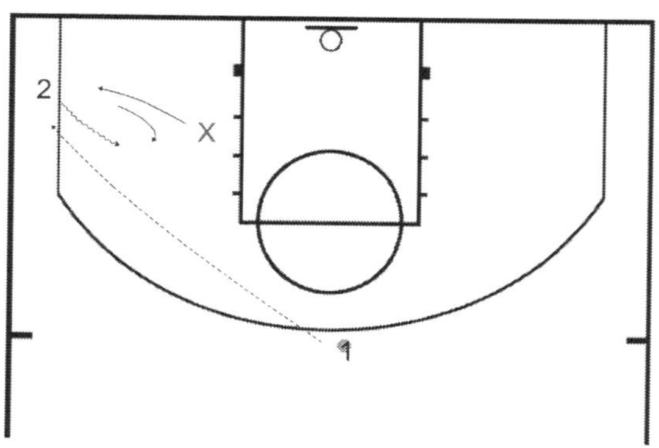

El jugador con balón 1, da pase a 2. Justo en el momento en que el balón sale de las manos de 1, el defensor de 2 va a defenderlo. Trabajamos la llegada del defensor, con pasos pequeños conforme se acerca a 2, y el ángulo de los pies, cerrando la penetración por el centro.

Notas

EJERCICIO: 39
OBJETIVO: Construcción de la Defensa. Absorber contacto en defensa

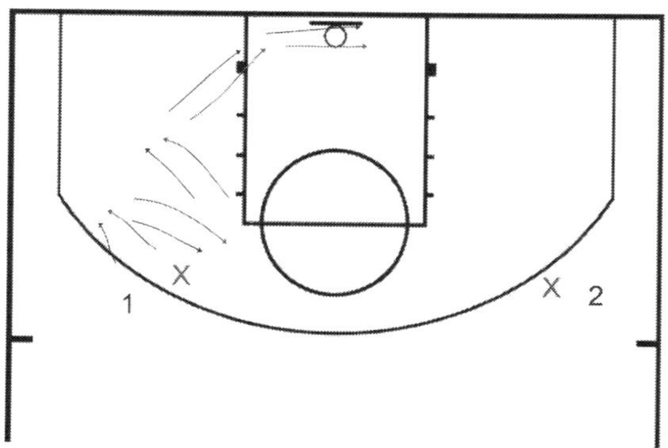

Colocamos un pivote, a mí me gusta más un balón, en el centro de la zona. Los jugadores colocados por parejas,; mientras que el jugador atacante, intenta desplazarse hacia el balón, el defensor, aguanta y " rechaza " el desplazamiento. Debemos pedir al atacante que no sea " brusco " en los cambios de dirección y ritmo, al objeto de que haya un verdadero trabajo por parte del defensor.

Notas

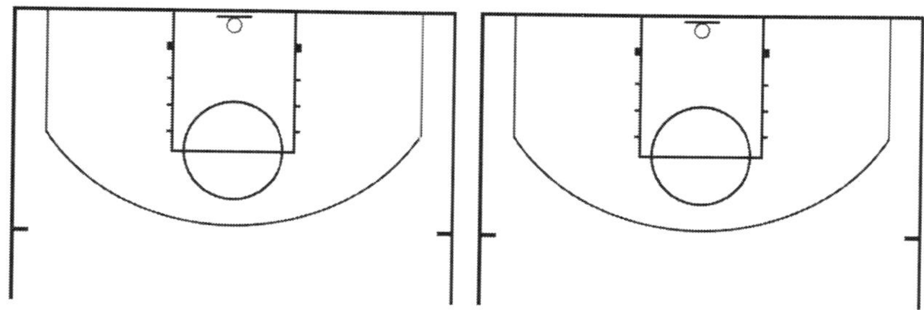

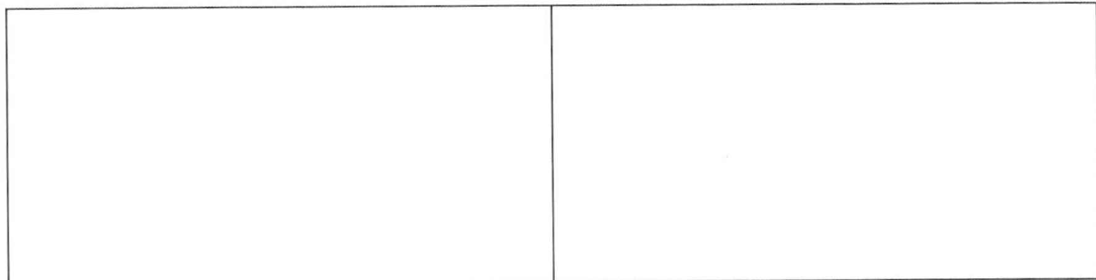

EJERCICIO: 40

OBJETIVO: Construcción de la Defensa. Defensa ante diferentes situaciones

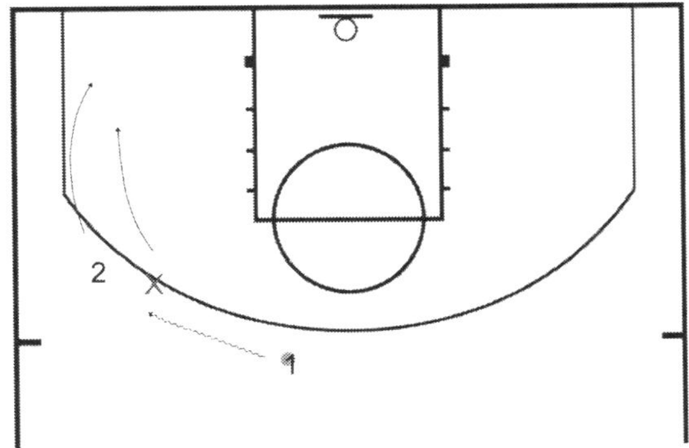

El jugador 1 con balón, progresa con balón " empujando " a 2. Trabajamos la defensa de la línea de pase por parte del defensor de 2.

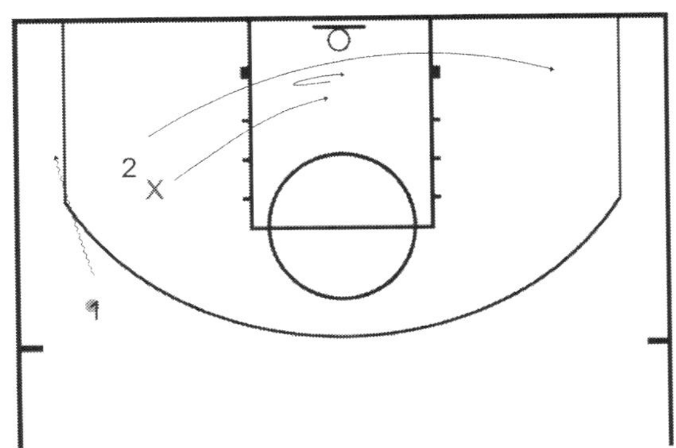

El jugador 1 sigue progresando, obligando a 2 a irse al lado contrario. Su defensor, conforme se va abriendo, se queda para fintar a la posible penetración de 1.

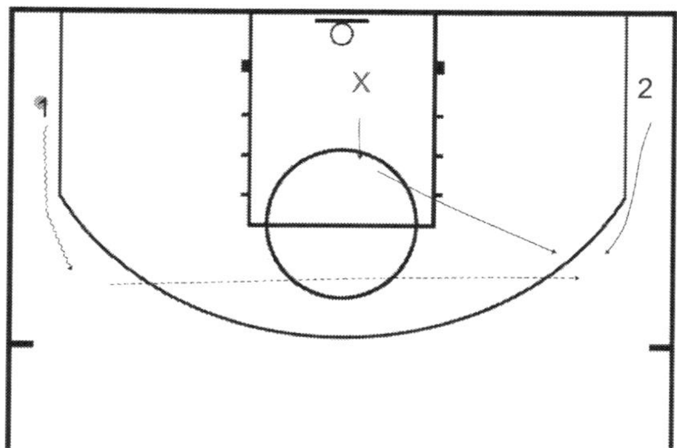

El jugador 1 progresa hacía el alero alto, ajustando el defensor de 2 su posición. Tras el pase de 1 a 2, trabajamos los desplazamientos para la recuperación defensiva del defensor y el ángulo de pies para evitar la penetración por el centro. Para hacer más fácil de comprender al jugador el ángulo de pies con el que debe llegar, me gusta utilizar como referencia el ángulo de la línea de 6,75.

Notas

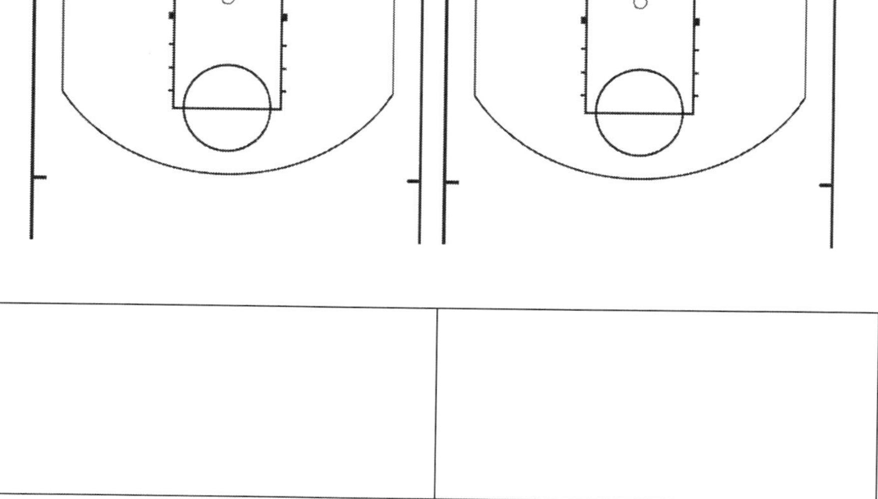

EJERCICIO: 41
OBJETIVO: Construcción de la Defensa. 2x2 tras penetración por la línea de Tiro libre

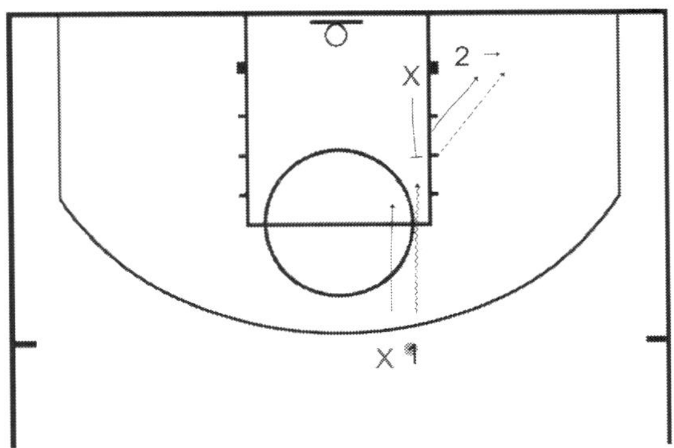

Situación de dos contra dos con penetración por la línea de tiros libres. El defensor de 1, le da un bote de ventaja. Una vez que el balón toca el suelo, el defensor de 1 intenta recuperar la ventaja concedida. Si necesita la ayuda, al ser una penetración por tiro libre, saltaría el defensor de 2. A partir de aquí, dos contra dos. 2 se abre para tiro.

Me gusta trabajar la defensa de 2, con los pies orientados hacia el centro del campo, al objeto de que los movimientos hacia la ayuda sean más fáciles.

Notas

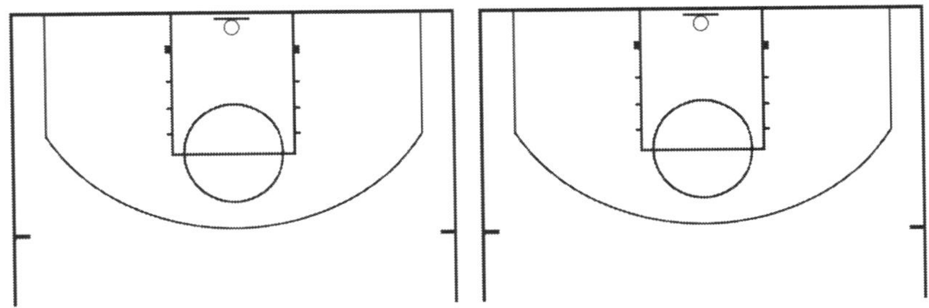

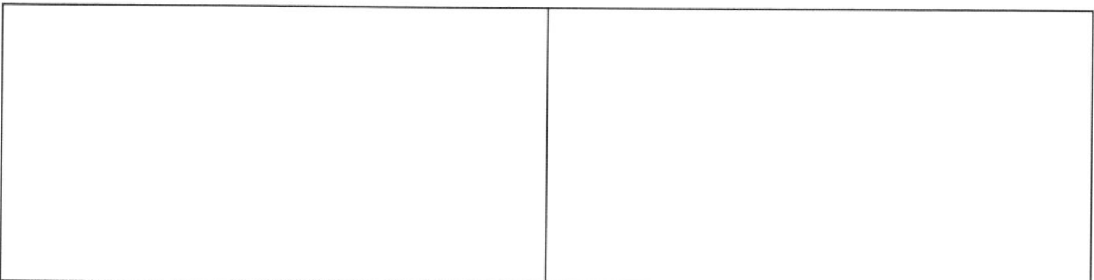

EJERCICIO: 42
OBJETIVO: Construcción de la Defensa. Defensa de los cortes

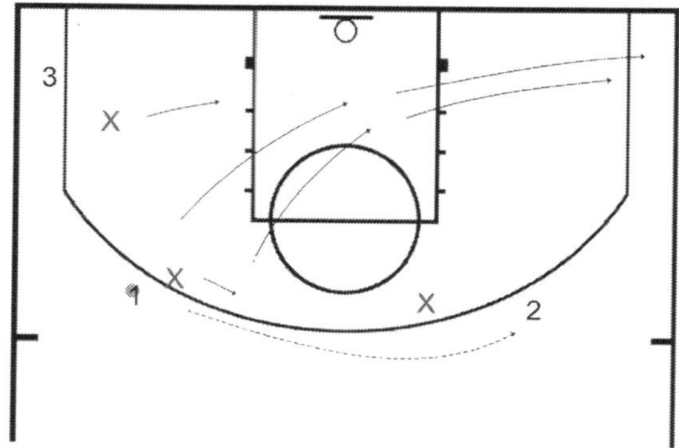

Ejercicio de cortes y defensa de los mismos en una situación tres contra tres. 1 pasa a 2 y corta a ocupar el espacio libre. Es importante trabajar con el defensor de 1, el que salte a la vez que el balón sale de las manos de 1, evitando que su primer gesto sea el de mirar a 2.

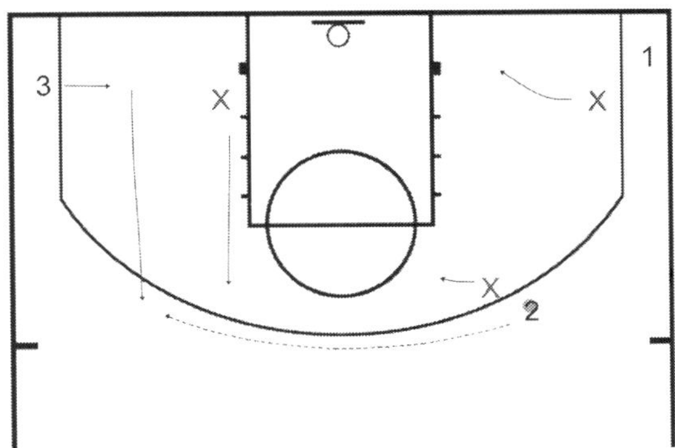

Tras el corte de 1, aparece 3, el cual recibe pase de 2 y volvemos a iniciar los cortes iniciales. Podemos trabajar series de 6 pases y a partir de aquí, jugamos tres contra tres.

Notas

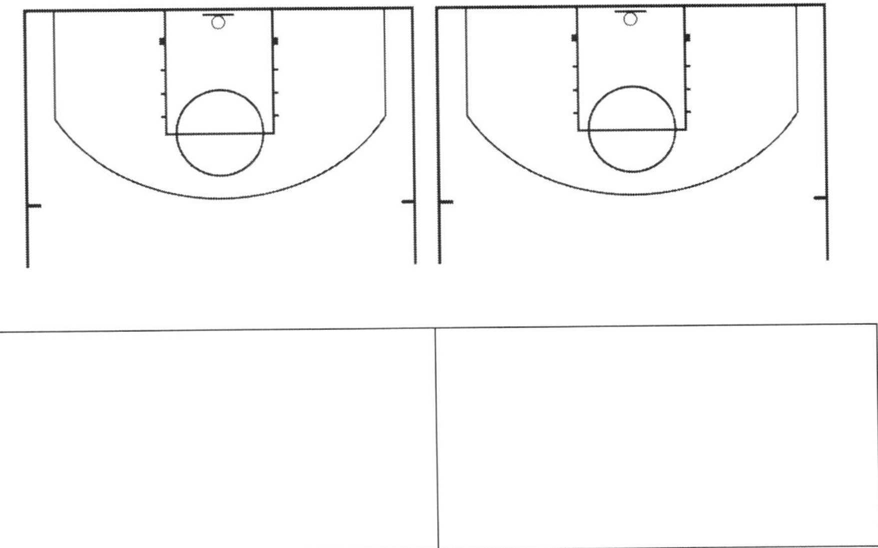

EJERCICIO: 43
OBJETIVO: Construcción de la Defensa. Balance Defensivo. Toma de Decisiones en ataque. Juego 2x2

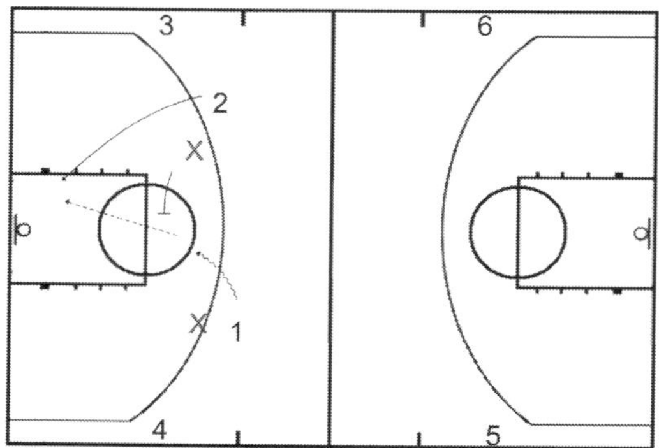

Sin dudas, uno de mis ejercicios preferidos y utilizado de forma recurrente en mis entrenamientos. Comenzamos con una situación de dos contra dos y cuatro filas de jugadores colocadas en la prolongación de tiros libres con línea de banda. Jugamos el dos contra dos.

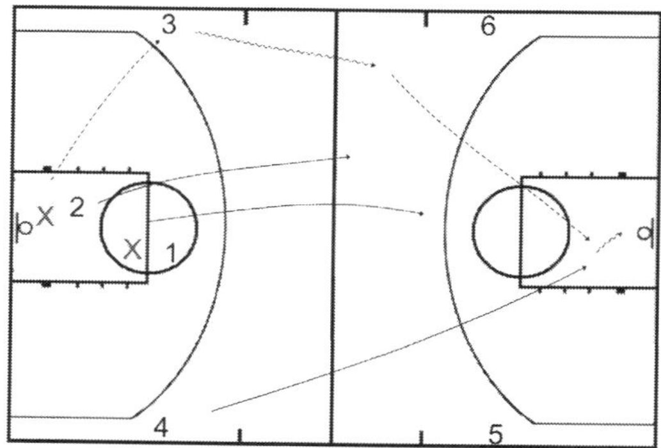

Tras canasta o pérdida de balón, los atacantes 1 y 2 rápidamente pasan a defender a 3 y 4, uno de los cuales previamente ha recibido pase de los defensores. Podemos poner diferentes objetivos: defender el primer pase, " llenar la zona " para evitar bandejas, " saltar y cambiar " ...

Notas

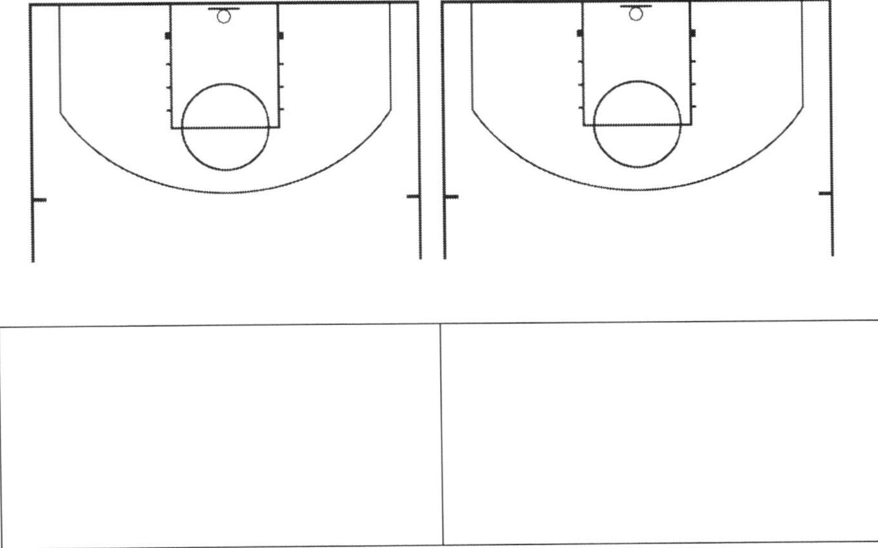

EJERCICIO: 44
OBJETIVO: Construcción de la Defensa. Primera y Segunda Ayuda

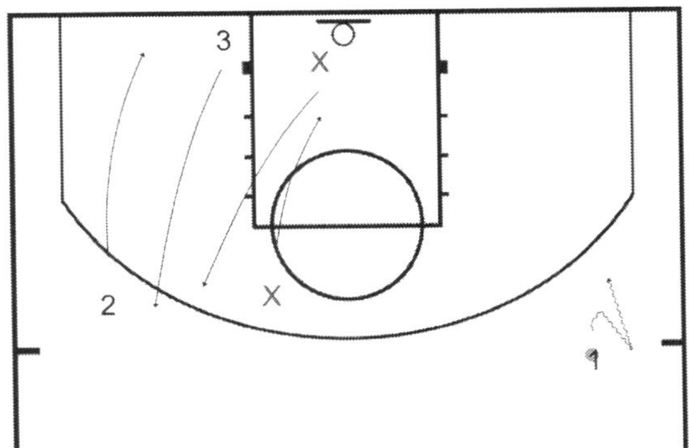

El jugador 1 con balón (si tenéis ayudante, yo lo pondría en lugar de 1), inicia entrada y retroceso mediante bote. A la señal de " cambio ", 2 y 3 intercambian posiciones obligando a sus defensores a ajustar la posición defensiva. El defensor del jugador que cae a línea de fondo, coloca los pies orientados perpendicularmente a la línea de fondo.

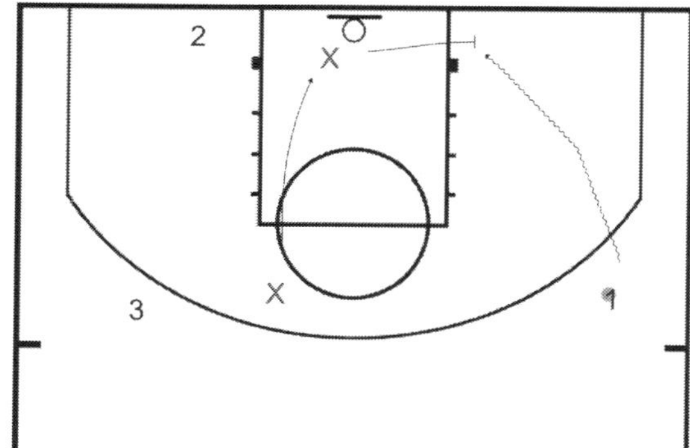

Después de haber intercambiado 2 y 3 las posiciones varias veces, 1, inicia la penetración a canasta, debiendo el defensor de 2 realizar la primera ayuda. Esta debe realizarse en el límite de la zona. El defensor de 3, cae para realizar la segunda ayuda.

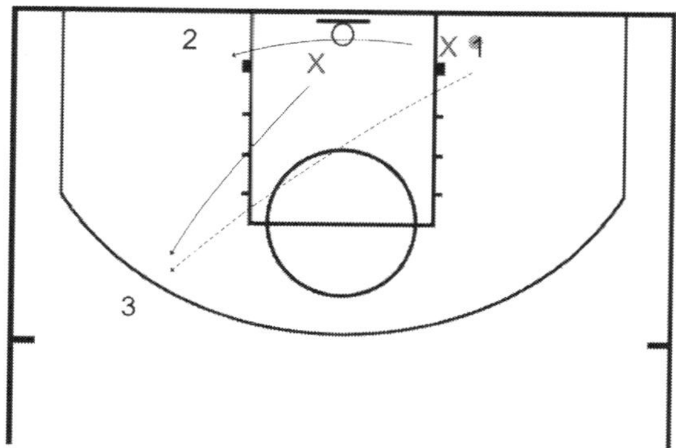

Una vez parado el balón, 1 pasa a 3. Los defensores recuperan a su hombre. Importante en la recuperación del defensor de 3, que llegue con ángulo de pies colocado de tal forma que evite la penetración por el centro. A partir de aquí, jugamos una situación de 2x2.

Notas

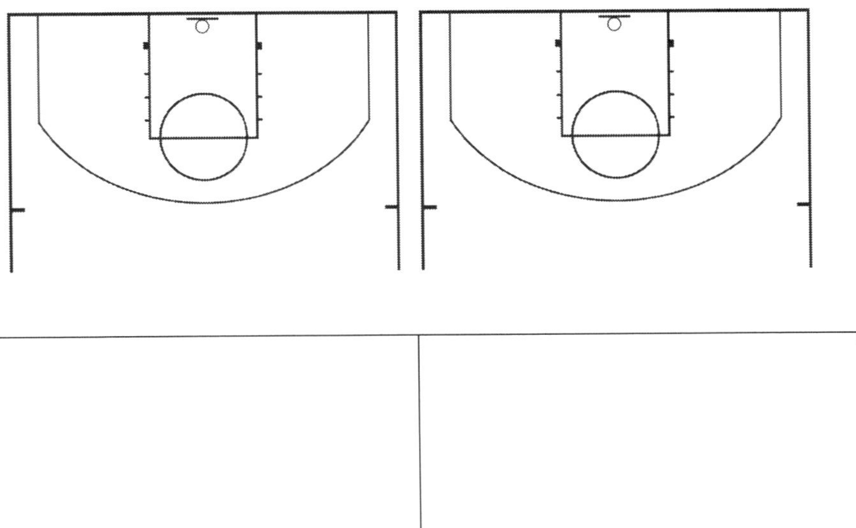

3.- Ejercicios para trabajar situaciones de ventaja ofensiva

EJERCICIO: 45
OBJETIVO: Ventaja Ofensiva

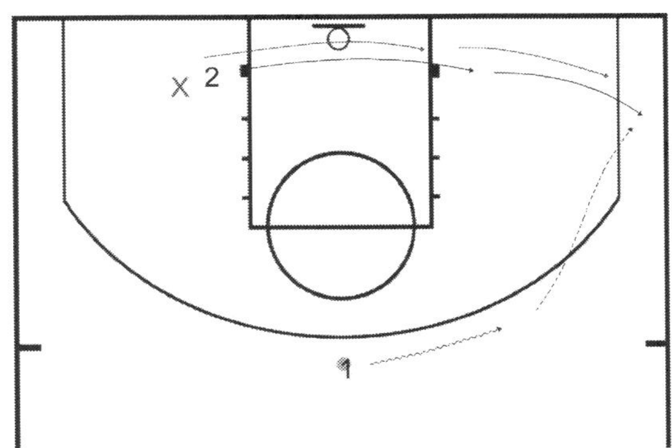

Jugamos un 1 contra 1 tras un corte en el que somos perseguidos. 2 parte con ventaja, simulando por ejemplo una salida de bloqueo. Podemos trabajar diferentes situaciones: 1x1 dentro de la zona, 1 x 1 exterior o un detalle que me gusta especialmente y que es el que detalla el gráfico: 2, al ver que es perseguido, frena y vuelve a cambiar de ritmo para recibir.

Nos encontraremos situaciones en las que el detalle de frenar, no solo nos permite salir a recibir con ventaja, sino que provocará faltas del defensor.

Notas

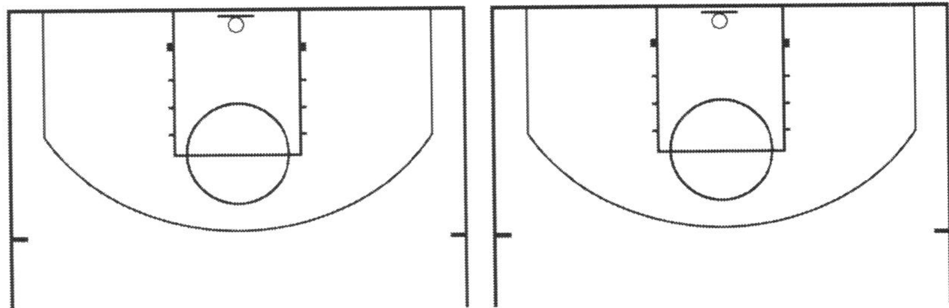

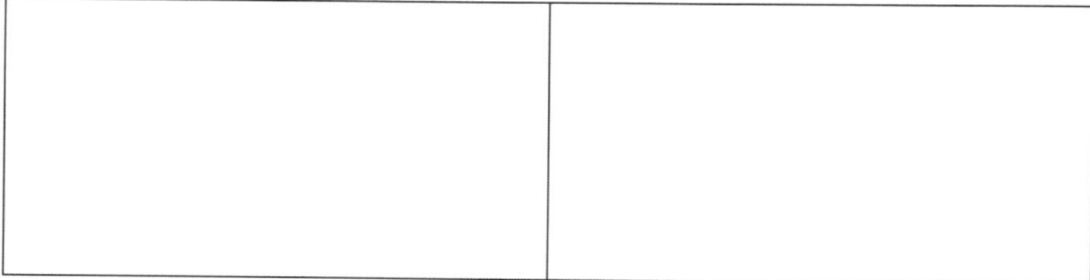

EJERCICIO: 46
OBJETIVO: Ocupación de Espacios. Ventaja Ofensiva

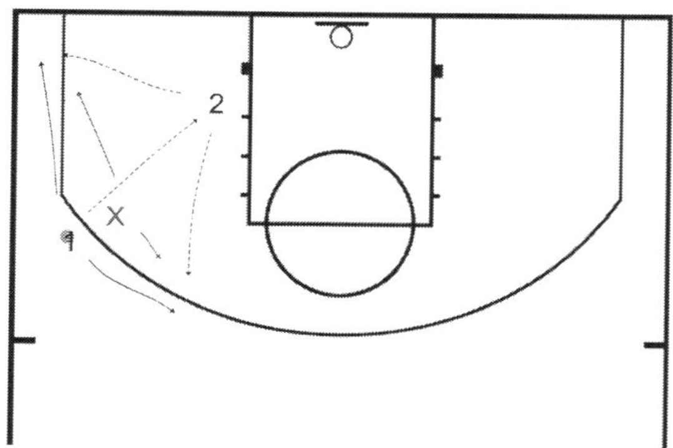

El jugador 1, pasa balón a 2. 1, una vez que pasa, se desplaza bien a la esquina o bien hacia arriba. A la vez que 1 pasa, su defensor tiene que tocar el suelo. Este tiempo que tarda su defensor en tocar el suelo es la ventaja que 1 tiene para, una vez que recibe el pase de vuelta de 2, jugar uno contra uno.

El objetivo de 1 es ser capaz de leer la llegada de su defensor para jugar el uno contra uno sin perder la ventaja obtenida.

Notas

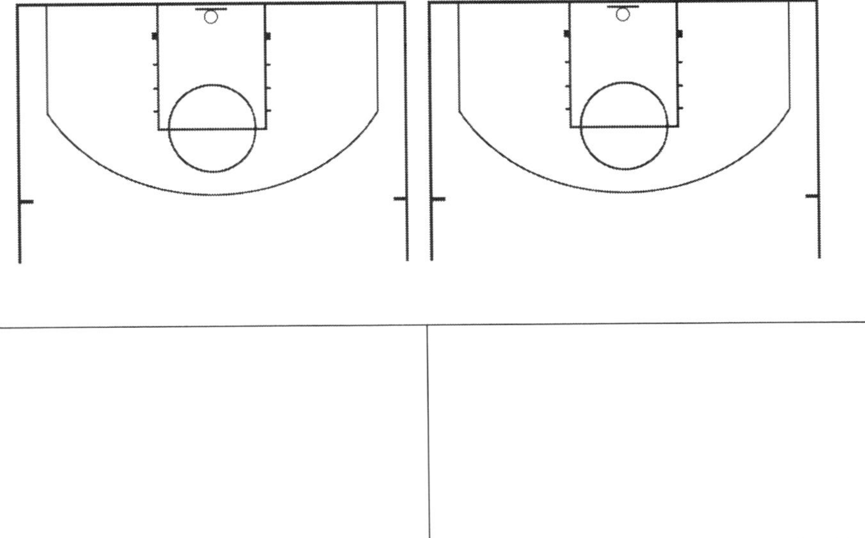

EJERCICIO: 47
OBJETIVO: Ventaja ofensiva

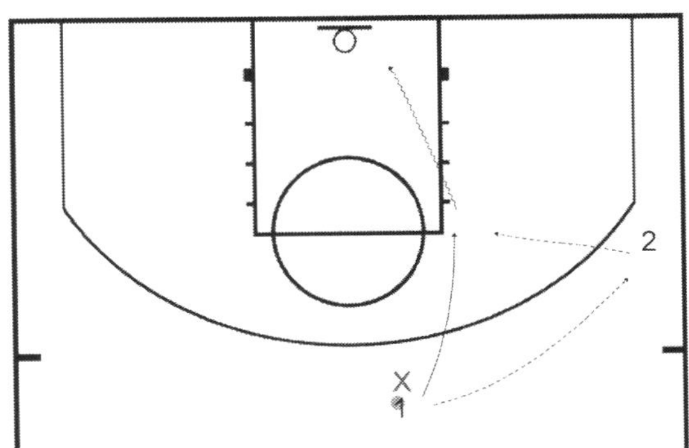

Trabajamos un detalle. 1 pasa a 2, pero el detalle a trabajar es el meter la pierna contraria a la mano de pase a la vez que se ejecuta el pase. La mayoría de las veces conseguiremos ventaja con este simple detalle.

Notas

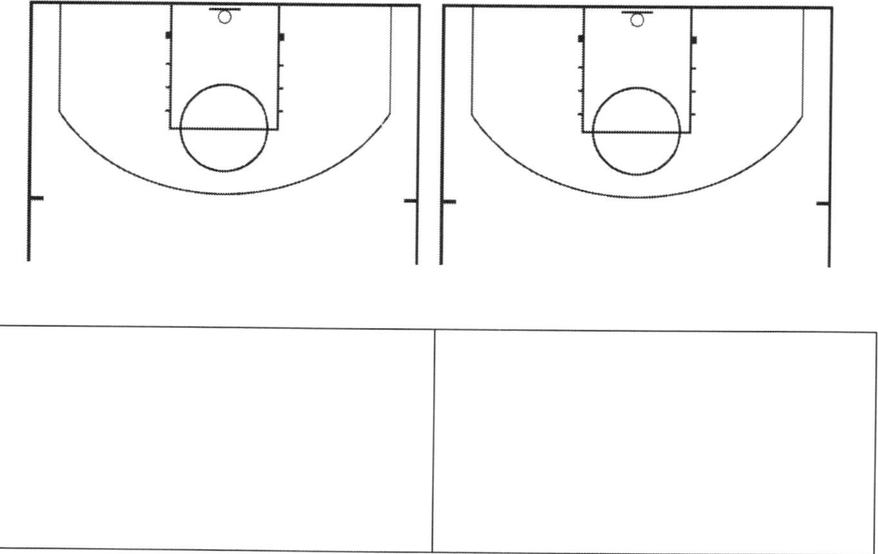

EJERCICIO: 48
OBJETIVO: Ventaja Ofensiva

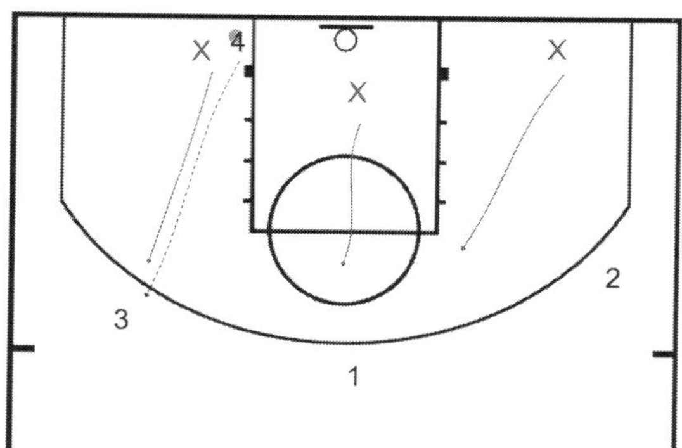

Trabajamos una situación de 3x3, donde el jugador que recibe el pase, debe intentar no desperdiciar la ventaja que le supone el que los defensores salgan desde la línea de fondo.

El jugador 4 con balón, o un entrenador, elige a quien dar el pase. Los defensores deben llegar teniendo en cuenta donde esta el balón. Hay que evitar la tendencia de ir a buscar al hombre sin respetar donde se encuentra el balón.

Notas

EJERCICIO: 49
OBJETIVO: Ventaja Ofensiva

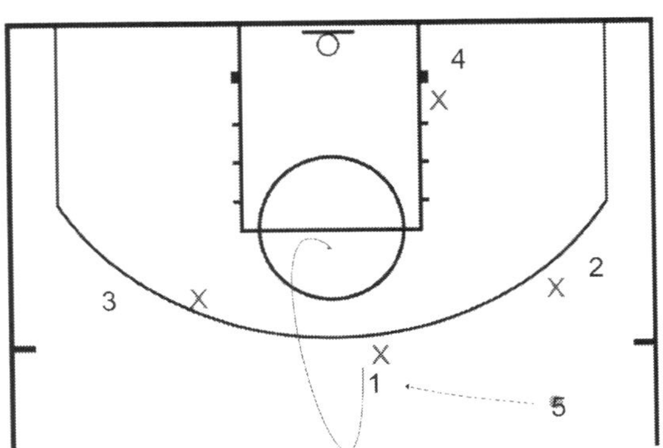

Este ejercicio lo podemos plantear en varias situaciones, 2x2, 3x3, 4x4 ... . En este caso, en una situación 4x4, 5

jugador con balón o entrenador, pasa a cualquiera de los atacantes. El defensor del jugador que ha recibido, tiene que tocar una de las líneas del campo antes de ir a defender. Esta es la ventaja que el ataque tiene que aprovechar para conseguir canasta.

Podemos trabajar tanto conceptos defensivos: ayudas, recuperaciones ... ; como conceptos ofensivos: buscar extra pass ...

Notas

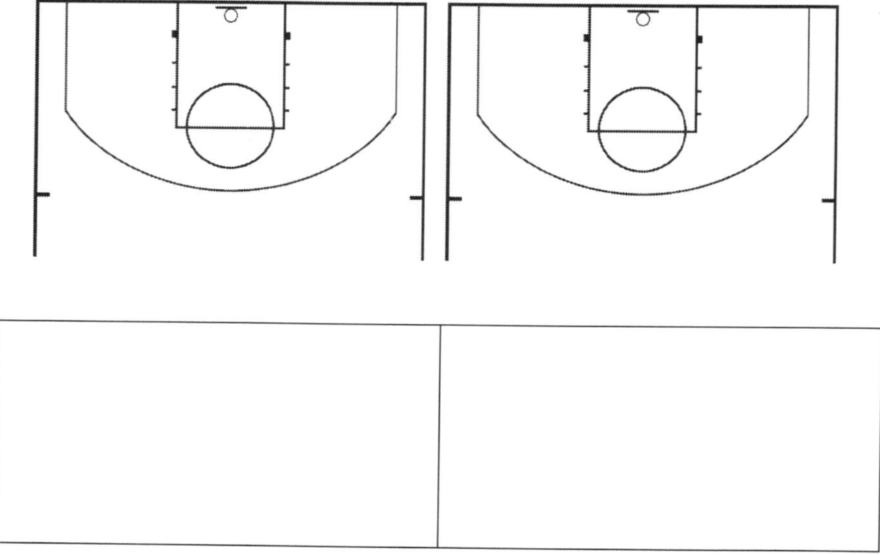

EJERCICIO: 50
OBJETIVO: Ventaja Ofensiva

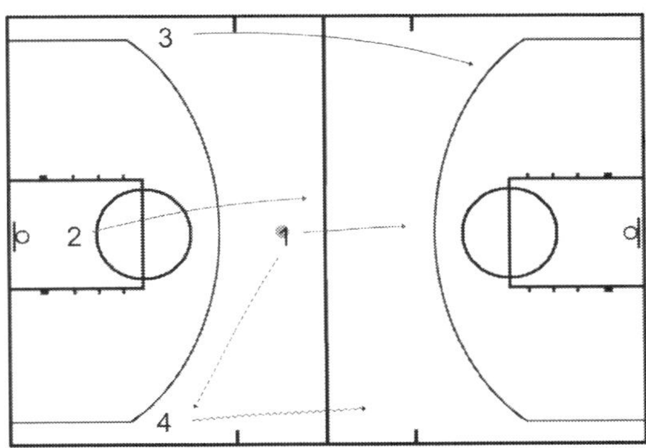

1 con balón lo pasa a uno de los atacantes, en este caso 4 y baja rápido al balance defensivo. Cuando 1 pasa, se incorpora 2 a defender. El objetivo de 1 es ser capaz de retrasar el ataque hasta la llegada de 2. Por contra, 3 y 4 deben decidir la mejor opción de ataque en el menor tiempo posible.

La vuelta, la podemos organizar de varias formas: 2x2, 4x0 trabajando la ocupación de la cuarta calle ...

Notas

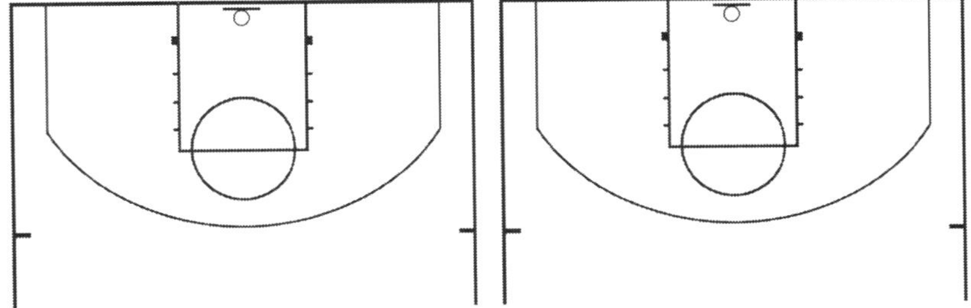

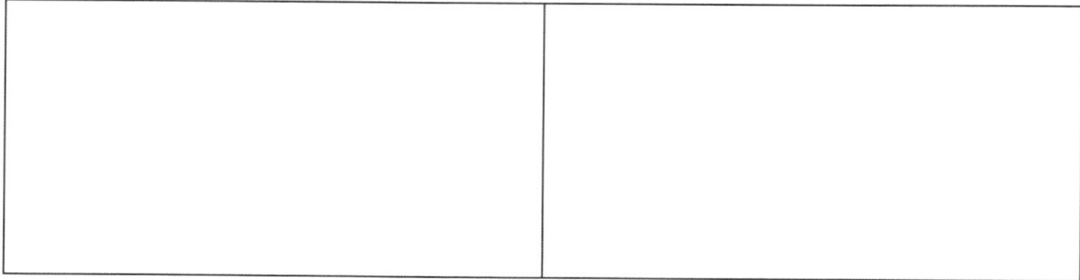

EJERCICIO: 51
OBJETIVO: Ventaja Ofensiva en situación 3x2

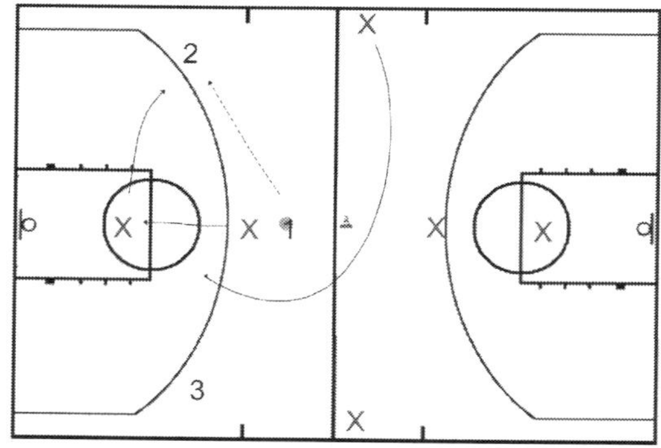

A partir de una situación tradicional de contraataque tres contra dos, incluimos dos filas de jugadores a la altura de medio campo.

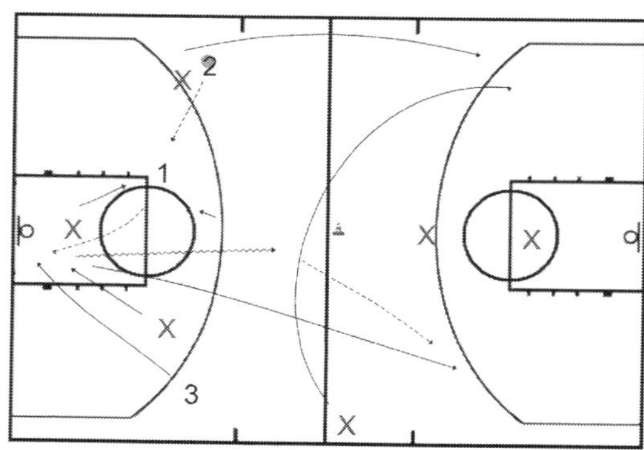

Cuando el balón pasa el centro del campo, se incorpora el nuevo defensor desde la posición de medio campo. convirtiéndose una situación de tres contra dos en una situación de tres contra tres.

Respecto a la dinámica del ejercicio, los tres jugadores que defienden, pasan a atacar a la canasta contraria.

Notas

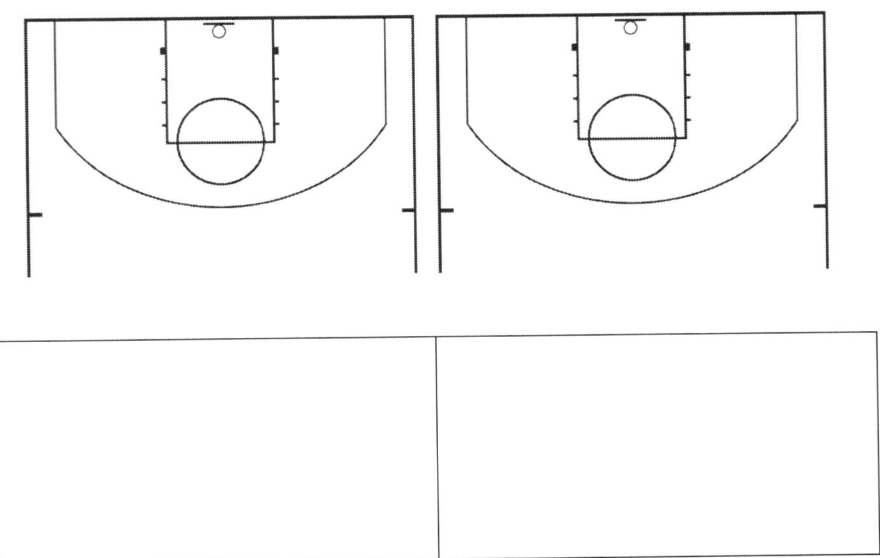

EJERCICIO: 52
OBJETIVO: Ventaja Ofensiva

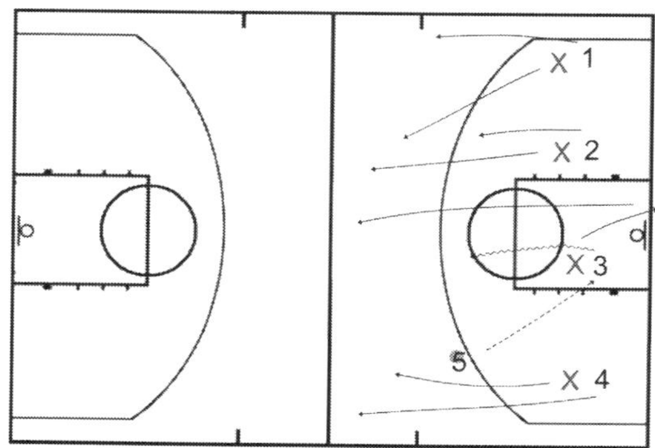

El jugador 5 o un entrenador, da pase a cualquiera de los atacantes. El defensor de quien ha recibido, en este caso el defensor de 3, debe tocar la línea de fondo antes de ir a defender. Esta ventaja de superioridad es la que deben aprovechar los atacantes. Por el contrario, los defensores han de ser capaces, mediante el trabajo de fintas, de retardar el ataque hasta que el defensor de 3 se incorpore.

Notas

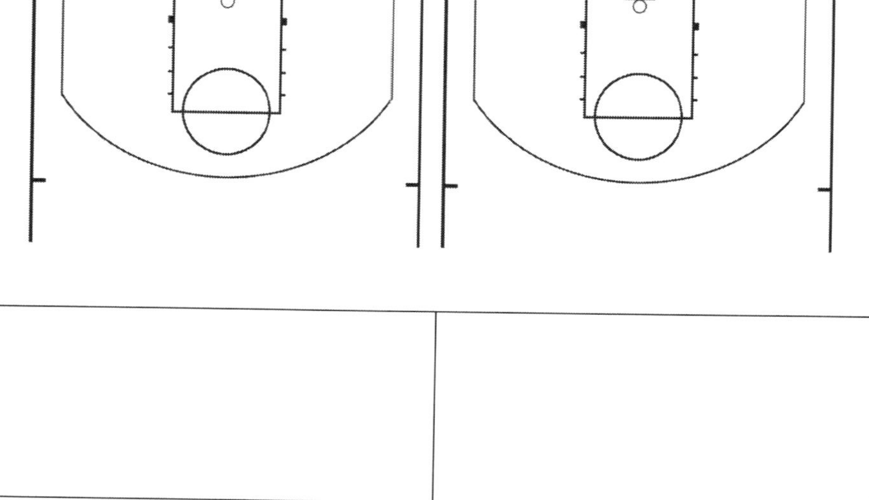

4.- Otros ejercicios que me han ayudado

EJERCICIO: 53
OBJETIVO: Ocupación de Espacios

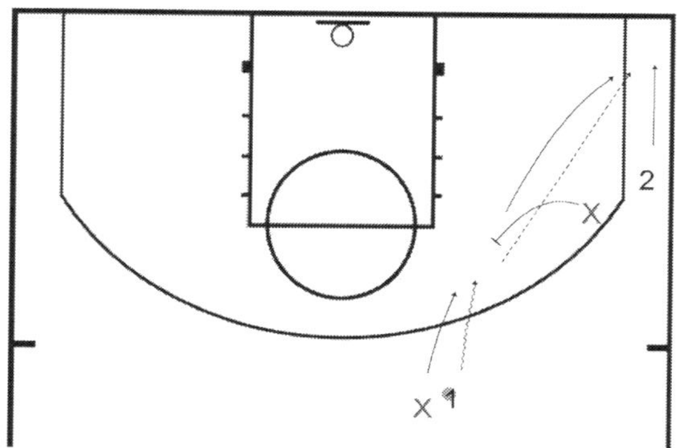

Situación de dos contra dos. El defensor de 1, le da un bote de ventaja. Una vez que el balón ha tocado el suelo, el defensor de 1 recupera la ventaja concedida intentando evitar la penetración por tiro libre. Si es necesaria la ayuda, al ser una penetración por fuera de tiro libre, ésta la realizará el defensor de 2. Tras la ayuda, 2 se desplaza hacia la esquina para ocupar espacio libre y tirar. Podemos plantearle a 2 diferentes situaciones a partir de este ejercicio: poste bajo ocupado, esquina ocupada ...

Notas

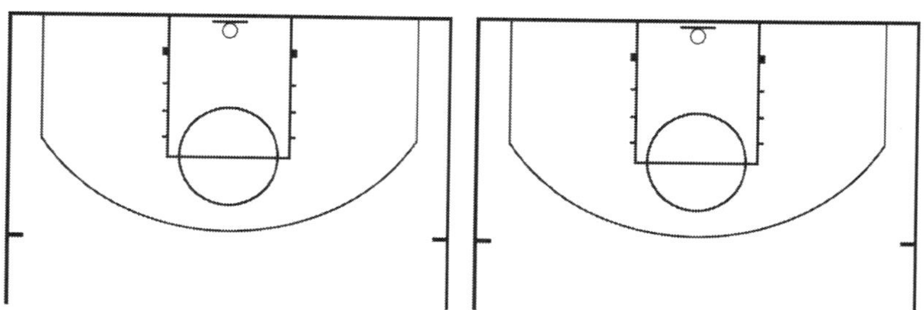

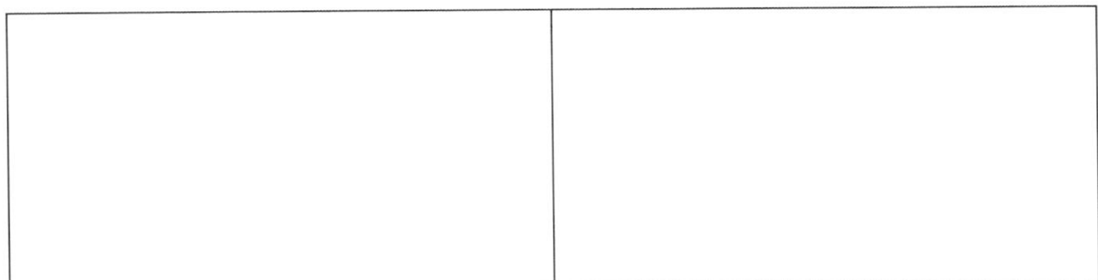

EJERCICIO: 54
OBJETIVO: Ocupación de espacios. Puerta Atrás

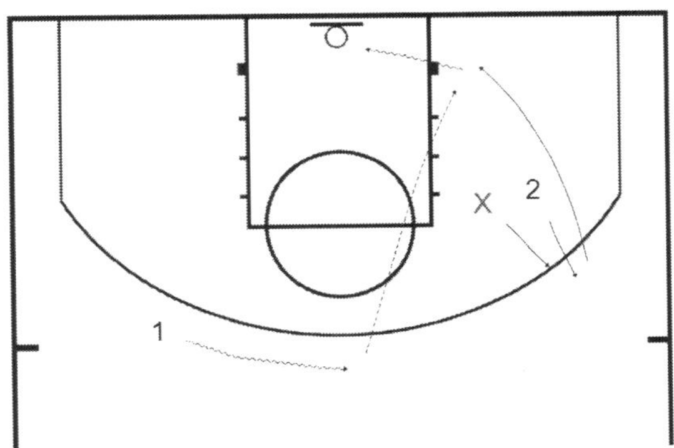

Suelo trabajar situaciones de 5 jugadores abiertos, donde todos puedan jugar de cara a canasta y para esto, ante los grandes espacios que se provocan en el corazón de la zona, me gusta trabajar situaciones de puerta atrás. En este caso, 1 se desplaza botando por fuera de 6,75. 2, que parte de una posición hundida para ahorrarnos la finta de recepción, sale a recibir. Al ser sobremarcado por su defensor, corta hacia canasta. Trabajamos el pase de 1, a una mano desde bote.

Notas

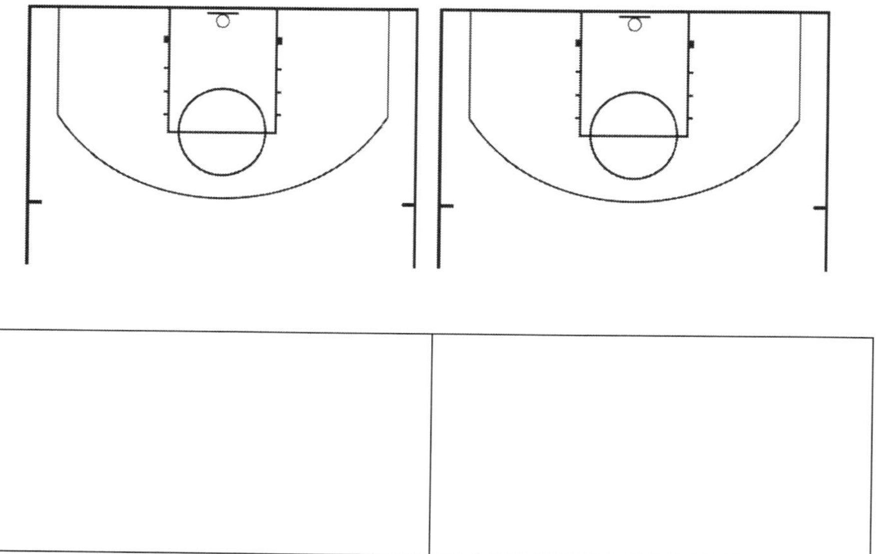

EJERCICIO: 55
OBJETIVO: Finalizaciones

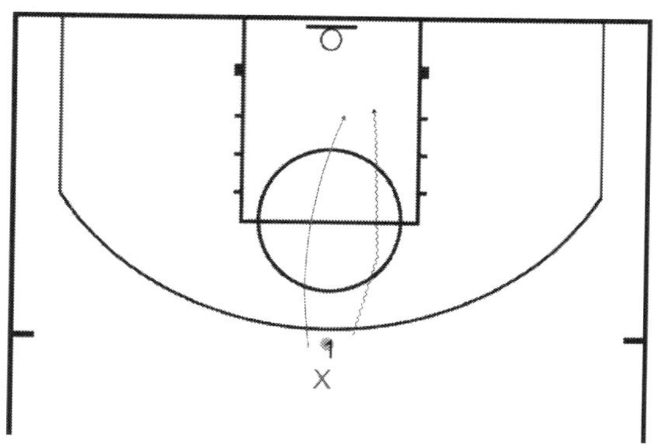

Trabajo de las finalizaciones en situación de superioridad, donde el jugador con balón, debe mantener la ventaja que la situación de inicio le proporciona, al estar colocado entre su defensor y la canasta, trabajando tanto la velocidad en la salida como la utilización de diversos tipos de finalizaciones: paradas, perdida de paso ...

Notas

EJERCICIO: 56
OBJETIVO: Pases y tiro.

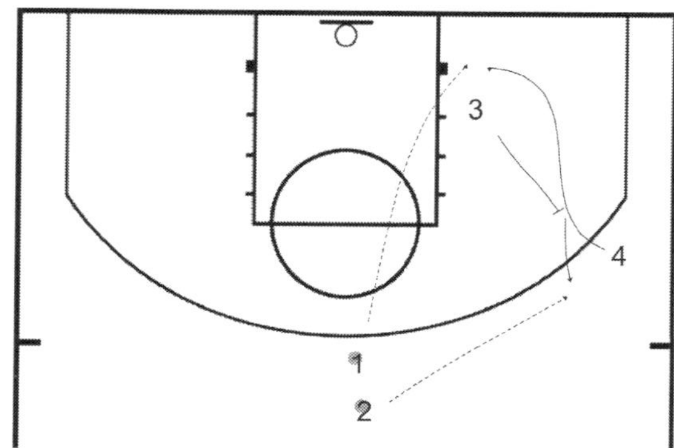

Tras el bloqueo que 3 le pone a 4, 1 pasa a la continuación y 2 pasa a 3 para tiro. Hacemos hincapié en que el pase para tiro, si el tirador no está presionado, debe ir dirigido al pecho. Tras asimilar el ejercicio, pasamos a trabajar con defensa.

Notas

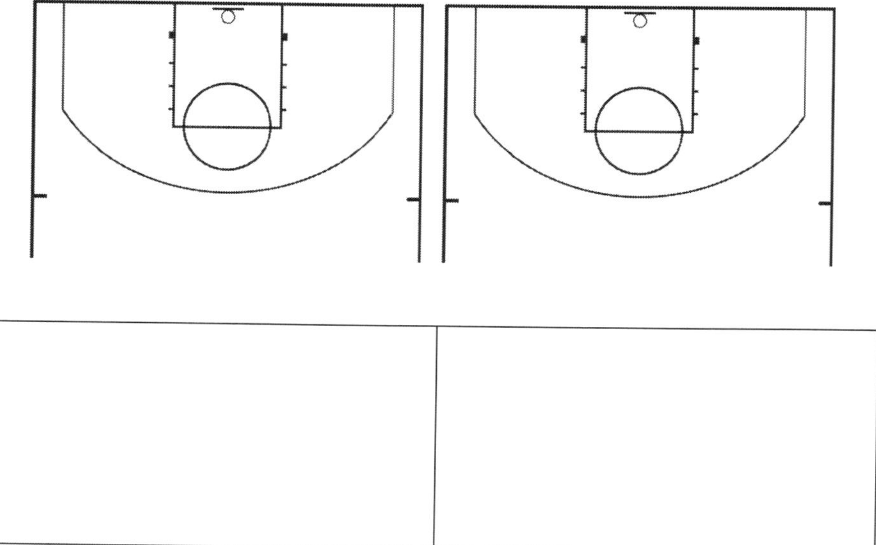

EJERCICIO: 57
OBJETIVO: Rebote. Bloqueo del Rebote

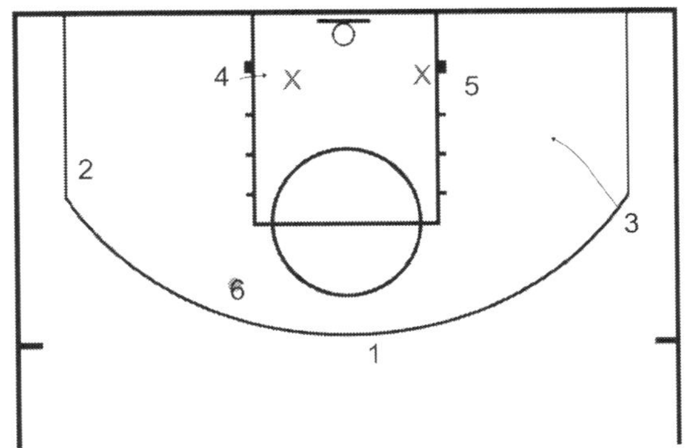

Trabajamos el bloqueo del rebote partiendo de una situación con 2 defensores y 5 atacantes. El jugador con balón numero 6 (o un entrenador), tira y nombra dos números. Estos dos son los que deben ir al rebote y los defensores a bloquearlos. Trabajamos la velocidad de reacción de los defensores y la diferente forma de bloquear el rebote dependiendo de donde se encuentra el atacante respecto al aro.

Notas

EJERCICIO: 58
OBJETIVO: Rueda de Pases

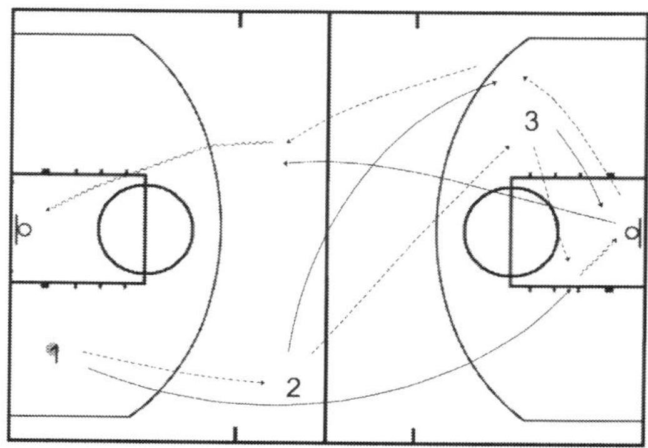

Lo utilizo frecuentemente al inicio de los entrenamientos. Me ayuda a que los jugadores entren rápido al entreno. El jugador con balón 1, pasa a 2 y corre por detrás hacia la canasta. 2, una vez ha recibido, pasa a 3 y va detrás del balón. 3 da pase de canasta a la entrada de 1, yendo tras el pase al rebote. Una vez que 1 ha entrado a canasta, corre por la calle central. 3 rebotea, da pase a 2 y este a 1 para que acabe con entrada a canasta.

Respecto a las rotaciones, 1 tras entrar a canasta va a la fila de 2; 2 pasa a la fila de 3; 3 tras pasar a 2, va a la otra canasta y cogiendo el rebote de la entrada, va a la fila de 1.

Notas

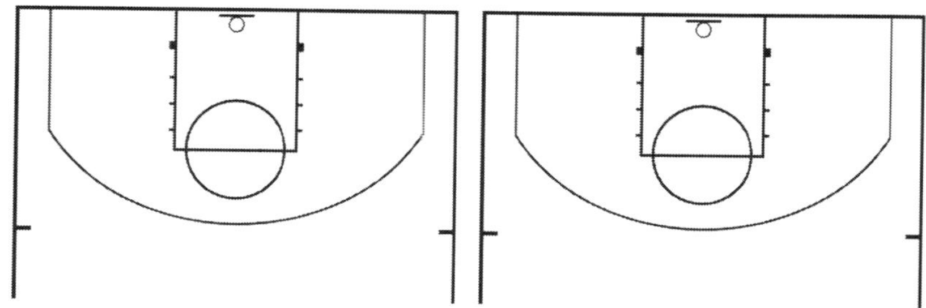

EJERCICIO: 59
OBJETIVO: Creación de Grupo

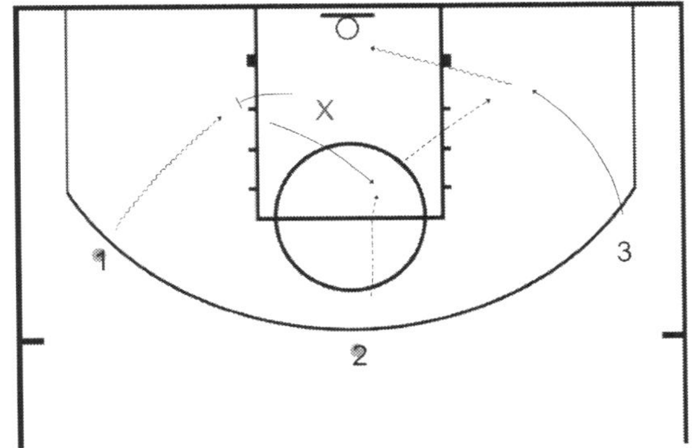

El jugador 1 penetra hacia canasta. El defensor salta a provocar la falta de ataque. Tras provocar la falta y estando en el suelo, recibe pase rodando de 2. Una vez que recibe, desde el suelo pasa a 3 que culmina en bandeja. Tras la canasta de 3, los tres atacantes se dirigen al defensor para ayudarle a levantarse dándole muestras de aceptación, palmadas, choque de pechos ...

Notas

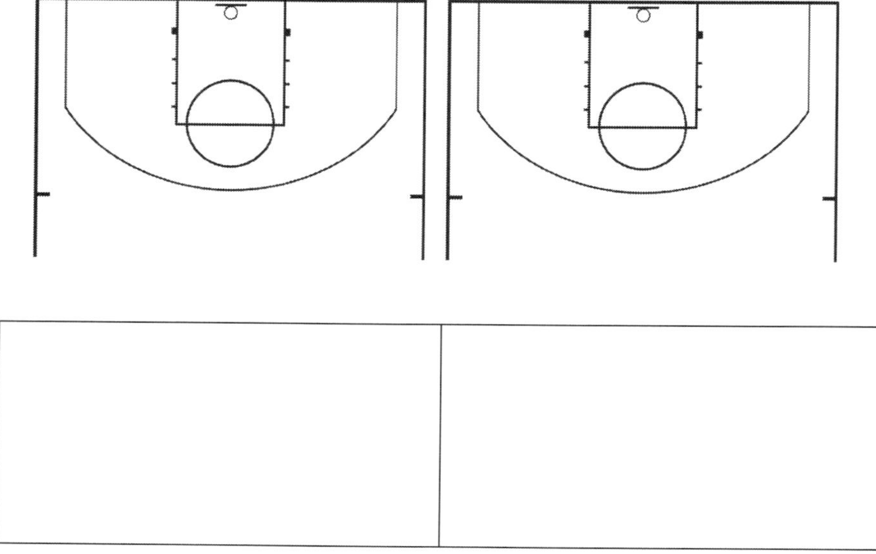

EJERCICIO: 60
OBJETIVO: 4x4

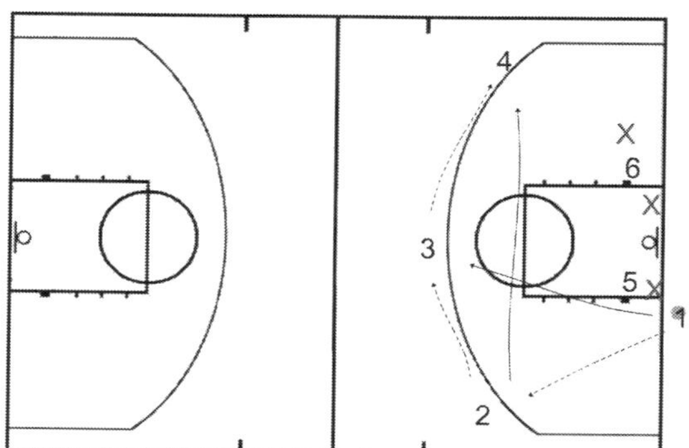

El jugador 1 pasa a 2 y va a defender a 3. 2 una vez que ha recibido pasa a 3 y va a defender a 4 que recibe de 3. A partir de mandar el balón a 4, se incorporan al juego los jugadores 5, 6 y sus respectivos defensores, provocando la situación final de cuatro contra cuatro. A partir de aquí, jugamos tres ataques: en esta canasta, más ida y vuelta.

Este ejercicio es muy interesante para trabajar multitud de objetivos: ayudas, defensa de los bloqueos directos, defensa de los bloqueos ciegos ...

Notas

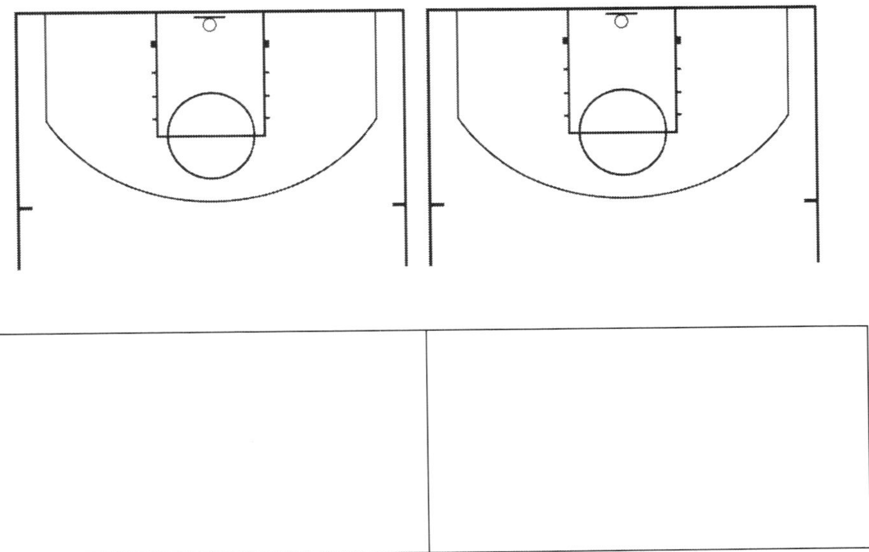

EJERCICIO: 61
OBJETIVO: Cambio de rol ataque-defensa

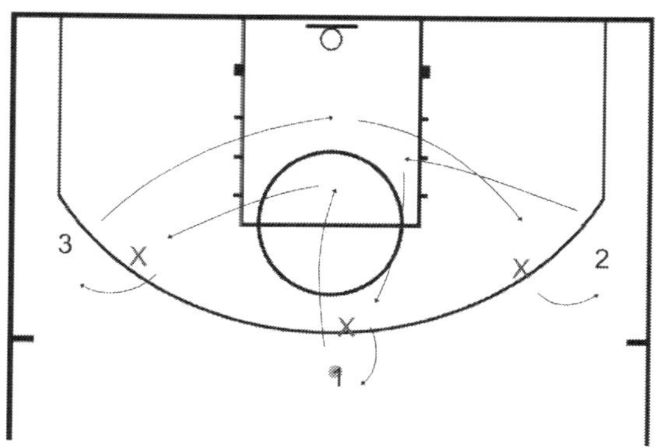

Siempre me ha gustado este ejercicio para trabajar el cambio de rol ataque-defensa, pero especialmente útil me ha sido con equipos en los que teníamos muchos despistes de ajustes defensivos y falta de comunicación. En una situación de tres contra tres, jugamos libre durante unos segundos, con la restricción de que no podemos meter canasta. A la señal del entrenador " CAMBIO ", el atacante con balón, deja el balón en el suelo y todos los atacantes tienen que pisar la zona e ir a defender a un jugador que no fuera su par anteriormente. Tras una serie de 3 o cuatro " CAMBIO ", se permite jugar a canasta.

Notas

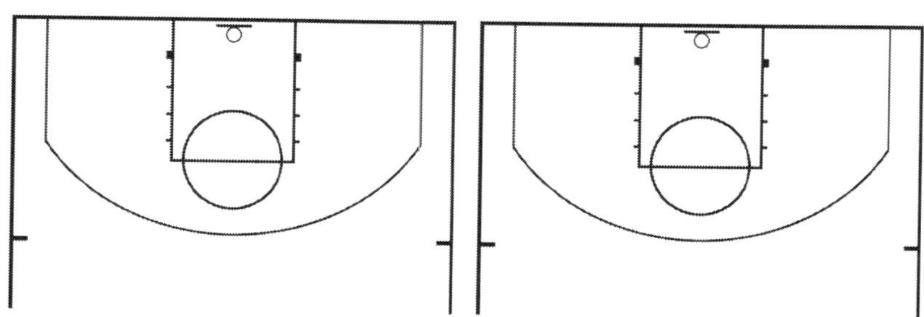

EJERCICIO: 62
OBJETIVO: Tiro

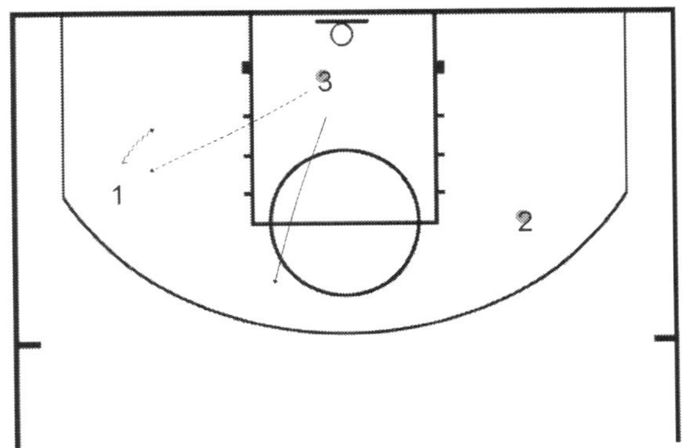

Trabajo por trios con dos balones. 3 pasa al jugador sin balón y se abre para recibir. A partir de aquí, el que tira rebotea y pasa al jugador sin balón.

Notas

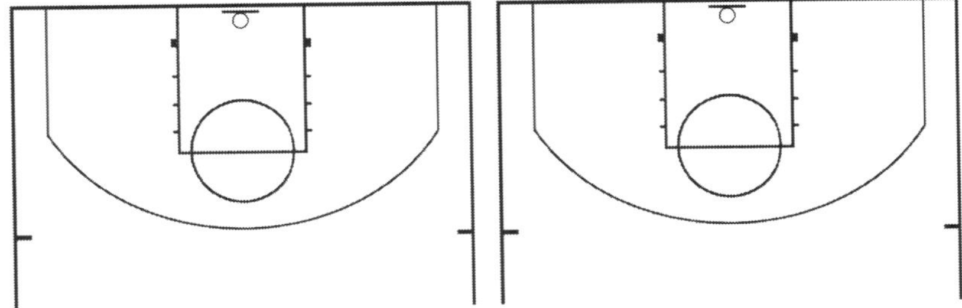

EJERCICIO: 63
OBJETIVO: Tiro

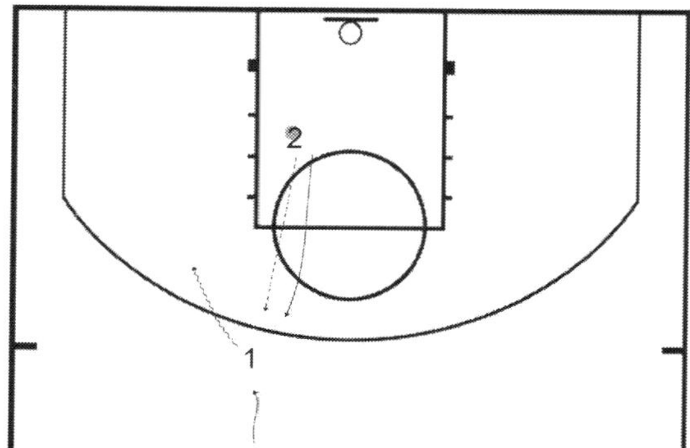

1 llega tras tocar la línea del centro del campo. Recibe pase de 2 y tira. A 2 le damos diferentes consignas que supongan diferentes hándicaps para 1: que coloque una mano delante dificultando el cambio de 1 antes de tirar, que defienda dos pasos, que puntee ...

Notas

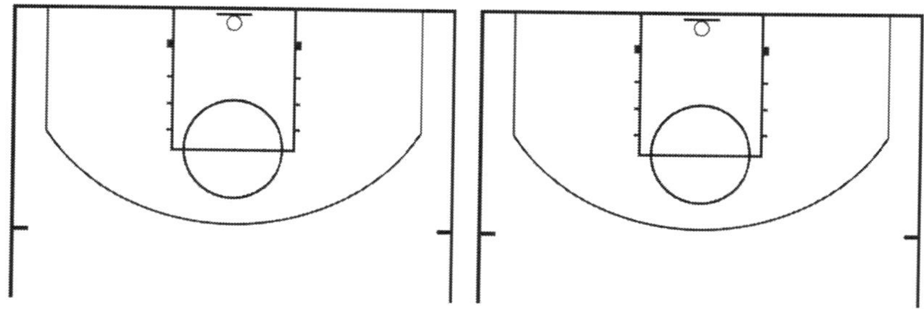

EJERCICIO: 64
OBJETIVO: Tiro

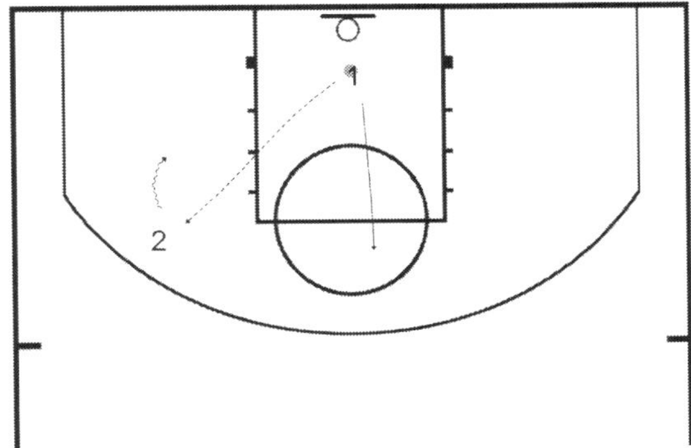

Por parejas, 1 pasa y se abre. 2 tira y tras rebotear pasa a 1 para que tire. Vamos cambiando la ejecución del tiro: tiro; tiro tras bote ...

Notas

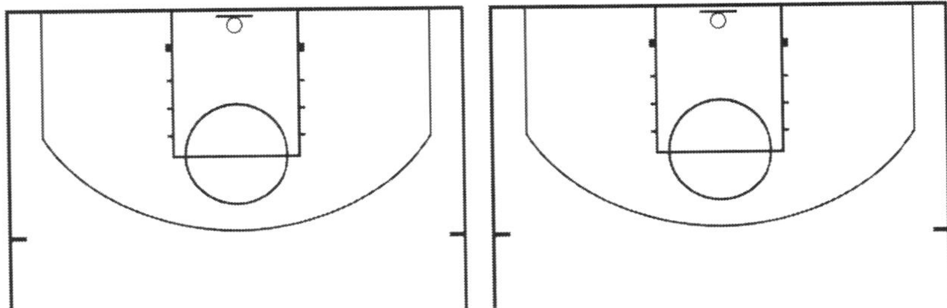

EJERCICIO: 65
OBJETIVO: Tiro

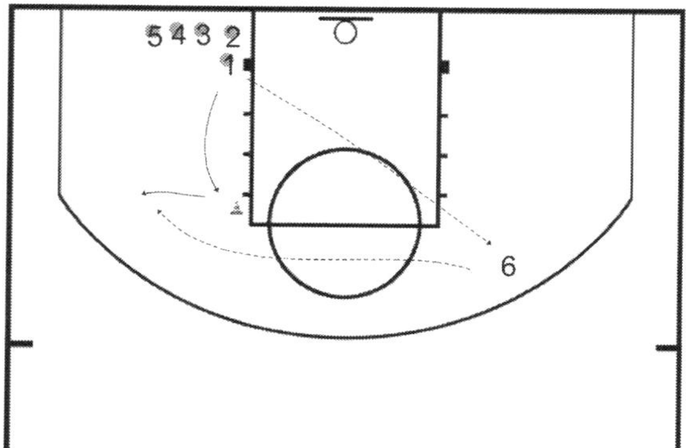

El jugador con balón 1, pasa a 6. Al llegar al pivote, se abre, recibe pase de vuelta y tira. Vamos modificando la ejecución incluyendo modificaciones como recibir y tirar, bote y tiro, finta y tiro ...

Notas

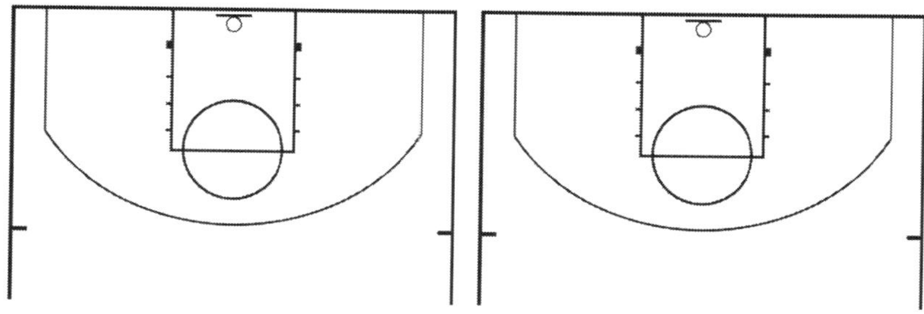

EJERCICIO: 66
OBJETIVO: Finalizaciones

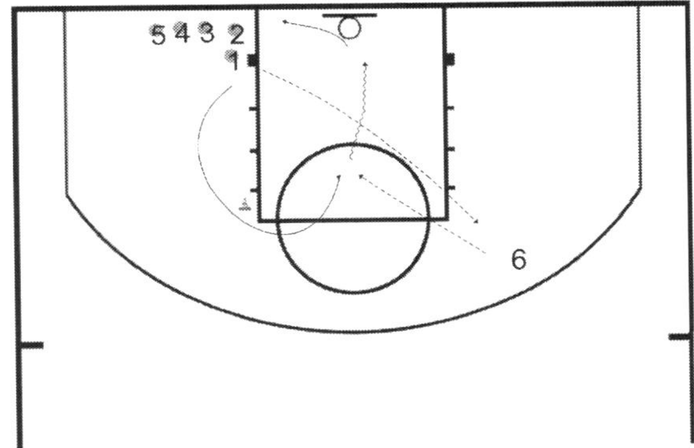

Misma dinámica que el anterior, pero al llegar 1 al pivote, se dirige la canasta recibiendo pase de vuelta de 6. Trabajamos diferentes finalizaciones.

Notas

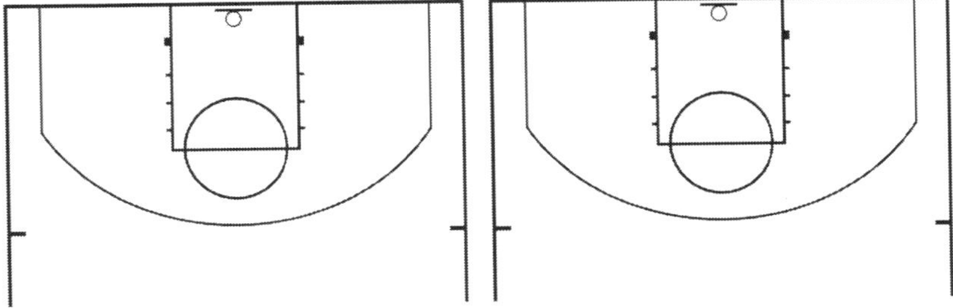

UNA PROPUESTA DE JUEGO OFENSIVO PARA CATEGORÍAS DE FORMACIÓN

Cinco Jugadores exteriores

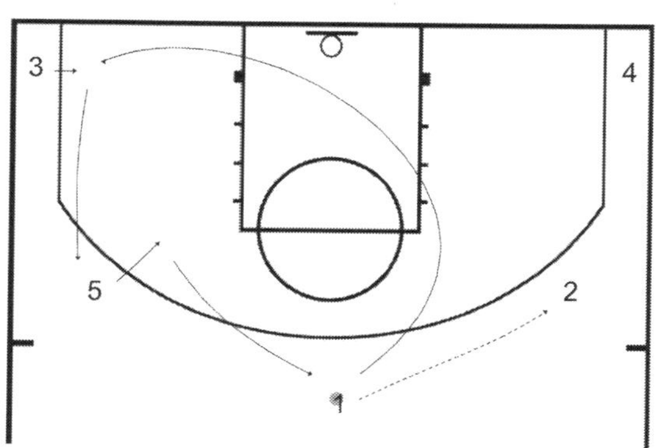

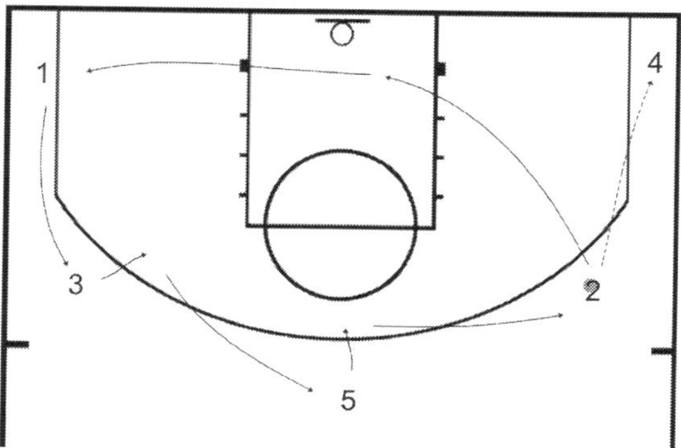

Nos basamos en cortes y reemplazos. En cada uno de los cortes, hacemos una parada en la zona del semicírculo pidiendo el balón.

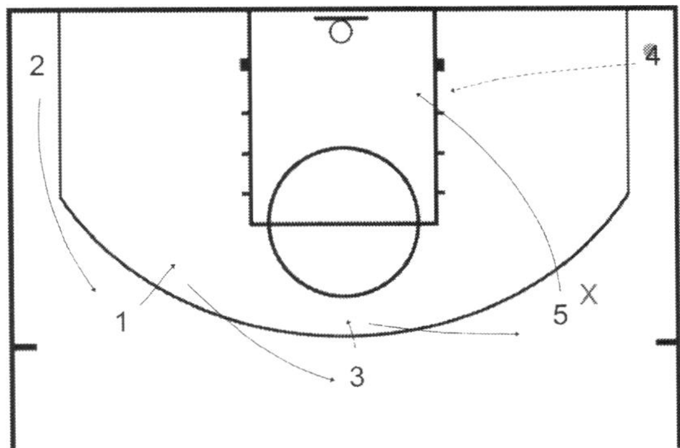

En cualquiera de los reemplazos, si estamos sobremarcados, no insistimos con fintas de recepción, sino que trabajamos la puerta atrás y continumos con los reemplazos.

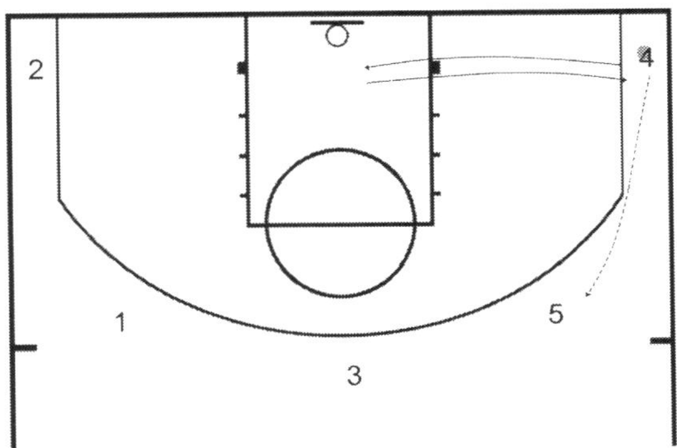

Cuando el balón sale de la esquina, el pasador 4, corta hasta el semicirculo, donde hace una parada y vuelve a su posición.

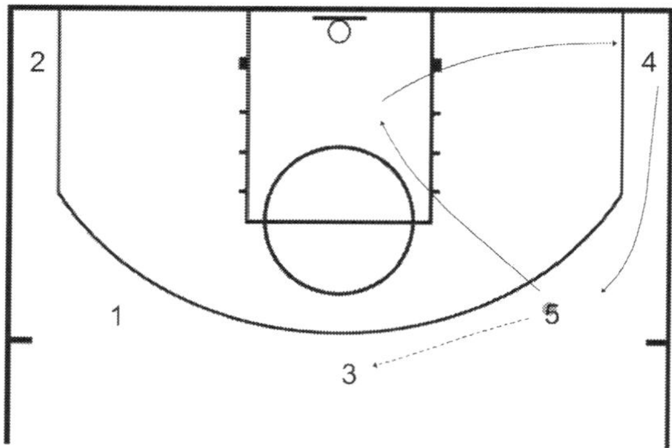

Cuando el balón va desde el alero hasta la posición del base, el pasador, en este caso 5, corta hasta el semicírculo y ocupa la posición de 4, que previamente ha iniciado el reemplazo.

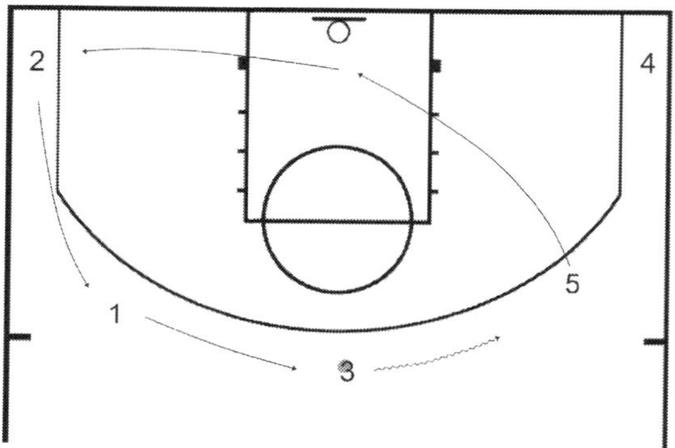

Si cualquiera de los jugadores inicia el bote hacia una posición ocupada, en este caso 3 bota hacia 5, este último abandona la posición cortando hacia canasta y atento a la opción de pase de 3. 1 y 2 reemplazan.

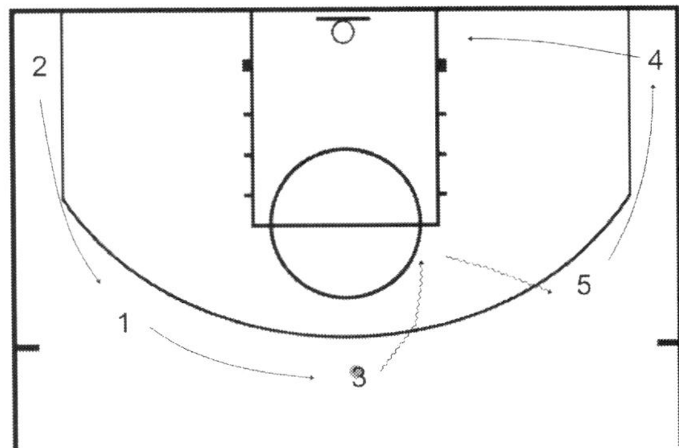

Si cualquiera de los jugadores con balón juega el uno contra uno, en este caso 3, los jugadores del lado por el que se está jugando ese uno contra uno, se desplazan dejando a 3 un espacio libre para la salida de 3 con bote. 5 ocupa la posición de 4 y este corta por la línea de fondo. 1 y 2 reemplazan.

Cuatro jugadores exteriores y un interior

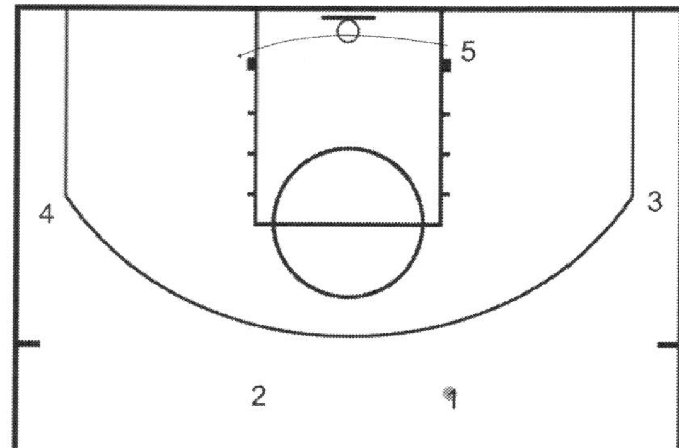

La ocupación de los espacios será como se muestra en el diagram. Es importante que nuestros jugadores exteriors no se metan en la esquina, al objeto de tener mayores espacios para poder jugar el uno contra uno.

También es importante que aquel jugador que vaya a ocupar el interior, no se coloque en el lado de balón, ya que esto dificultaría los unos contra uno de los jugadores exteriores.

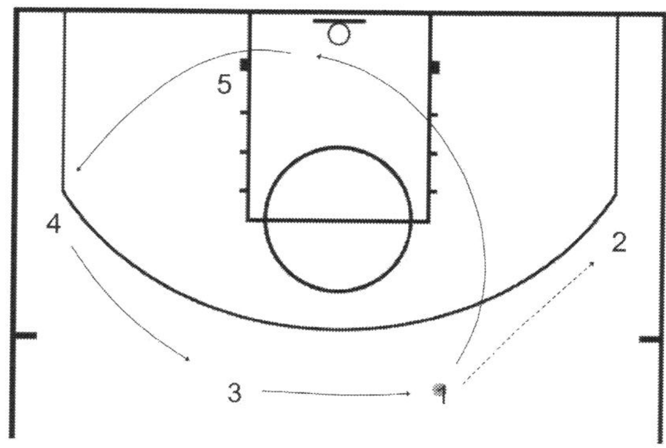

Ante un pase del jugador 1 con balón al jugador 2, 1 corta

y el resto de jugadores exteriores; 3 y 4 reemplazan.

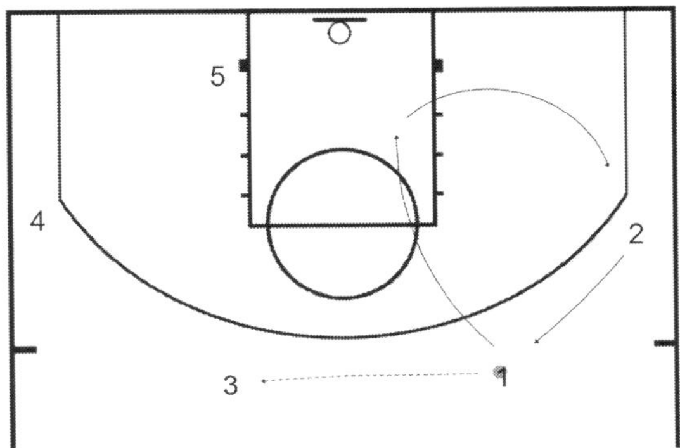

Si el pase entre exteriores se produce de 1 a 3, 1 corta y ocupa el espacio que 2 deja al reemplazar.

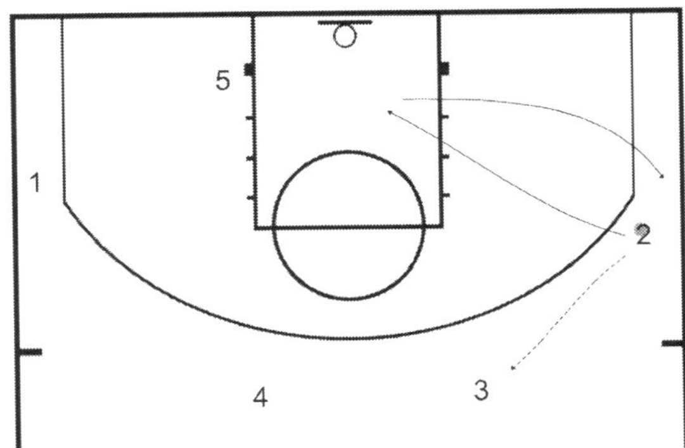

Finalmente, si el pase se produce de 2 a 3, 2 corta hasta el semicírculo, intenta recibir y si no recibe, vuelve a su posición inicial.

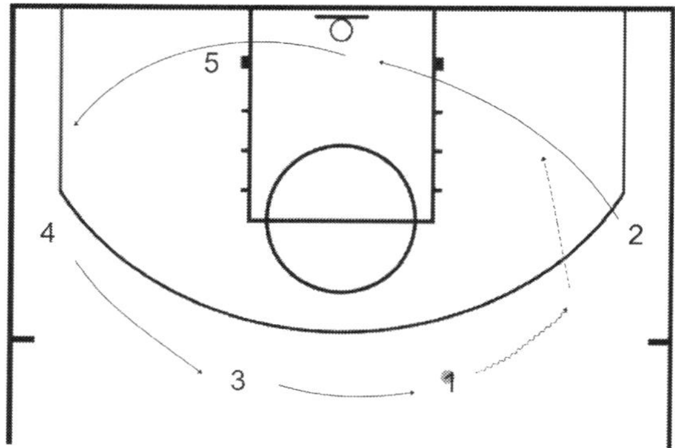

Si el jugador progresa botando por el exterior, empuja y se producen los reemplazos del diagrama. En este caso, 1 progres, empuja a 2 y 3 y 4 reemplazan.

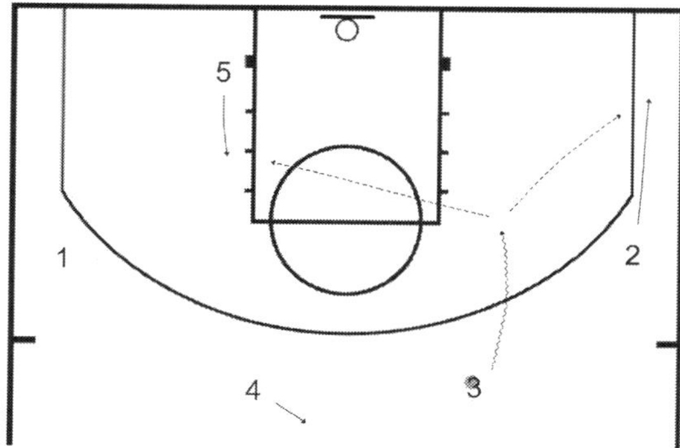

Si 3 juega uno contra uno por el exterior, se producen los movimientos del diagrama, ofreciendo líneas de pase al jugador con balón.

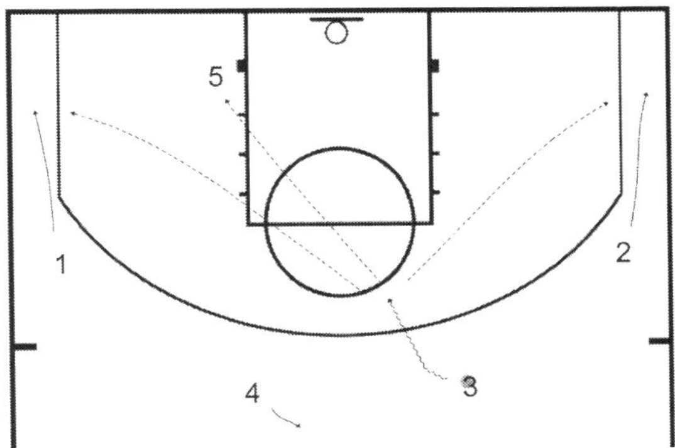

Si el uno contra uno, 3 se lo juega por el interior, se producen los movimientos del diagrama ofreciendo nuevas líneas de pase al jugador que penetra.

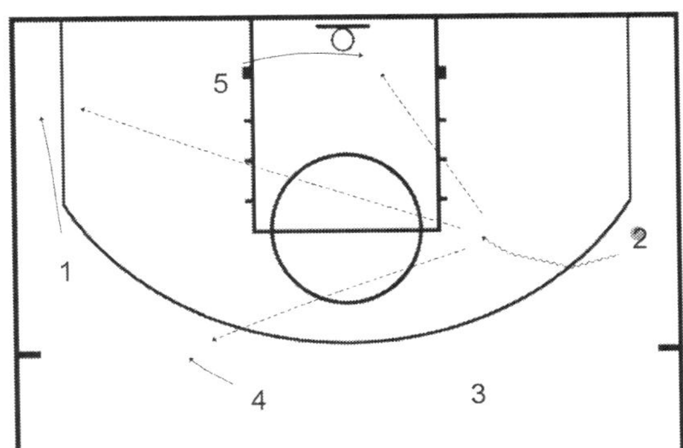

Si el uno contra uno se lo juega 2 por el interior, se producen los movimientos del diagrama. 5 aparece por línea de fondo, intentando jugar por la espalda de su defensor.

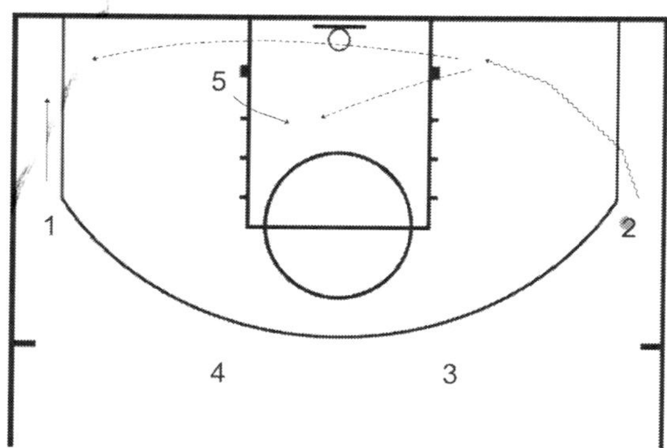

Si por el contrario, el jugador 2 se juega el uno contra uno por línea de fondo, 1 ofrece una línea de fondo en la esquina contraria y 5 aparece en el centro de la zona.

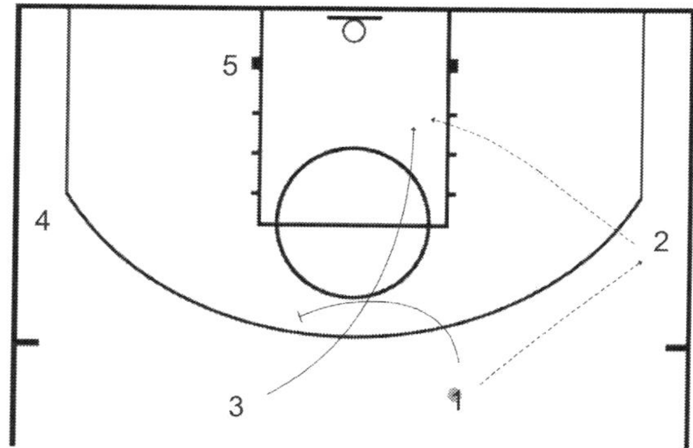

Una siguiente etapa consistiría en la introducción de los bloqueos, aunque dentro de la propia dinámica del movimiento. Así podemos incluir el bloqueo de 1 a 3,

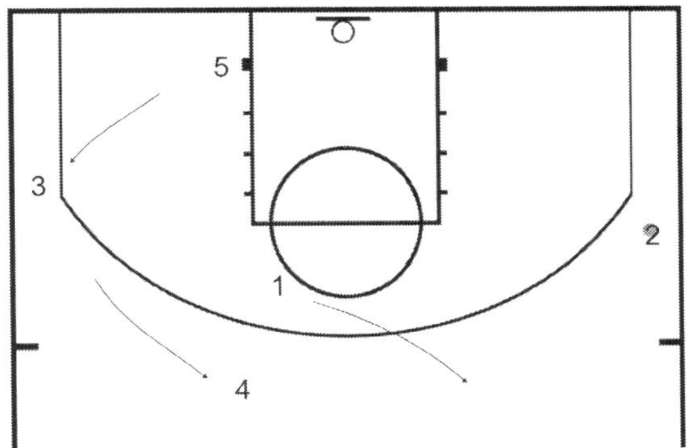

y la continuación si no ha habido pase tras el bloqueo, continuamos con el movimiento.

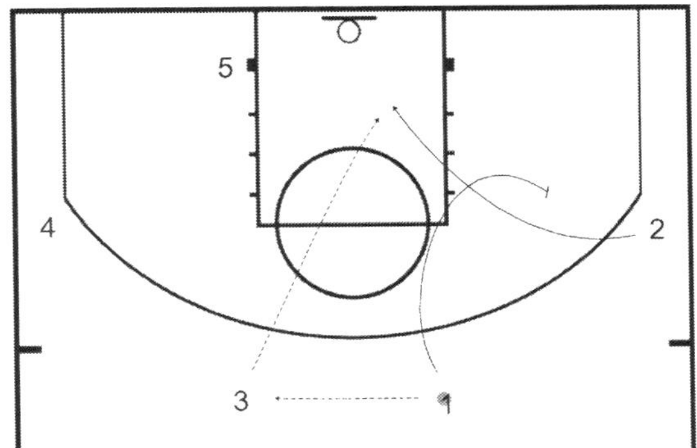

Otro posible bloqueo podría ser el de 1 a 2 con balón en 3, tal y como nuestra el diagrama.

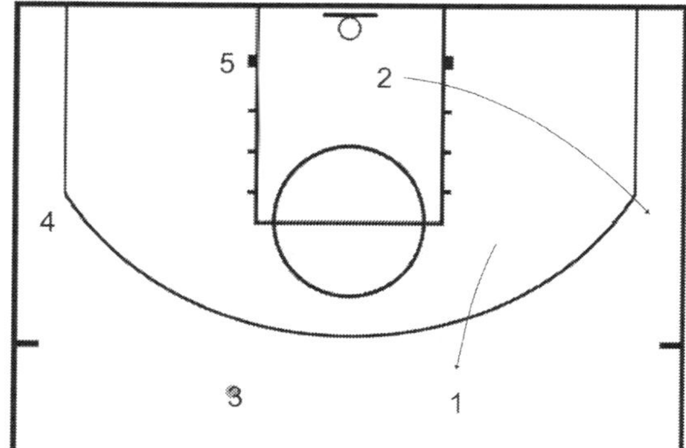

Si no se ha conseguido dar el pase tras el bloqueo, continuamos tal y como refleja el diagrama.

A partir de aquí podemos ir incluyendo nuevas opciones como nuevas situaciones de bloqueo, bloqueos ciegos, flex ...

Como alternativa, podemos incuir a nuestro jugador interior en las rotaciones. A mi, esta opcion me gusta sobretodo porque conseguimos implicar a todos los jugadores en el movimiento y en todas las posiciones, " obligando ", a nuestro jugador 5 a jugar de cara a canasta, de forma que tenga que echar el balón al suelo.

Esta alternativa sería como sigue:

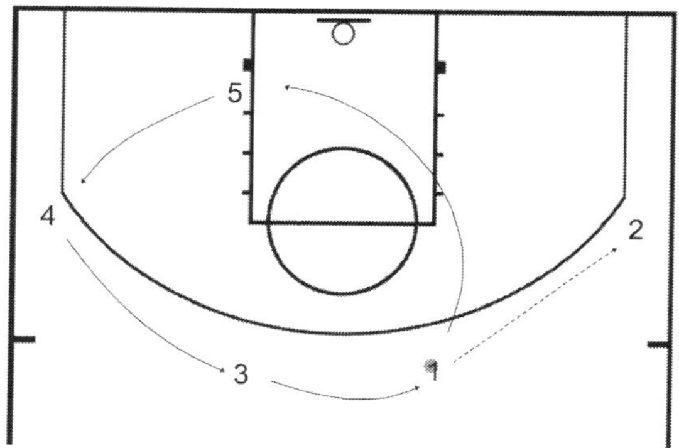

A partir de aquí, los movimientos serían los ya vistos.

Made in the USA
Columbia, SC
13 July 2025

60707526R00065